FOUNDATION
ACCOUNTING

U0681305

基础会计
辅助教材

万林芝 主编　　蒋本义 副主编

经济管理出版社
ECONOMY & MANAGEMENT PUBLISHING HOUSE

图书在版编目（CIP）数据

基础会计辅助教材 / 万林芝主编. —北京：经济管理出版社，2015.4
ISBN 978-7-5096-3697-8

Ⅰ.①基…　Ⅱ.①万…　Ⅲ.①会计学—教材　Ⅳ.①F230

中国版本图书馆 CIP 数据核字（2015）第 066103 号

组稿编辑：魏晨红
责任编辑：魏晨红
责任印制：黄章平
责任校对：王　淼

出版发行：经济管理出版社
　　　　　（北京市海淀区北蜂窝 8 号中雅大厦 A 座 11 层　　　100038）
网　　址：www. E-mp. com. cn
电　　话：（010）51915602
印　　刷：北京市海淀区唐家岭福利印刷
经　　销：新华书店
开　　本：787mm×1092mm/16
印　　张：9.5
字　　数：148 千字
版　　次：2015 年 4 月第 1 版　　　2015 年 4 月第 1 次印刷
书　　号：ISBN 978-7-5096-3697-8
定　　价：38.00 元

前　言

　　本书以《基础会计》为理论基础，以财政部最新发布的《企业会计准则》、《会计基础工作规范》、《支付结算办法》等法规为依据，教程中所提供的票据、单证样式都来自实际工作中真实的票据、单证，内容真实、新颖。选用的会计业务和事项的原始凭证，具有极强的仿真性、实用性和代表性，可以作为《基础会计》教学的实训辅导教材。本教材可以作为财会专业和经济管理类各专业的基础会计实训教材，也可作为会计从业人员的自学用书。

　　本书分为两个单元：第一单元是会计基本技能单项实训，采用任务教学法，突出强调会计书写规范、会计凭证填制审核、登记会计账簿、会计报表的编制方法、会计档案归档等。第二单元是会计基本技能综合实训，选择一家小型工业企业全年最后一个月的真实完整的经济业务为例，本教材在项目设计方面坚持职业特色鲜明的原则，充分考虑到会计工作特点，将企业中筹集资金、准备生产、生产过程、成本的计算与分配、销售过程、往来核算、财务成果等涵盖其中，对学生进行逼真的会计实务演练，充分体现了教学内容的适用性，学生通过独立完成本实训内容，基本具备在小规模企业从事会计工作的能力。

　　参加本教程编写的老师都具有"双师"资格，除了具有丰富的教学经验和多年的实训指导经历外，还具有一定的实际工作经验。

　　本书由云南省安宁市职业高级中学万林芝担任主编，由将本义担任副主编，本书编写还得到了秦丽珍、向明霞、朱伊霞、幸玉光等老师的协助，在此表示感谢。

　　由于编写时间仓促，水平有限，书中难免存在不足之处，请各位专家批评指正，以便及时改正。

编　者

2015 年 4 月

目　录

第一单元　会计基本技能单项实训

【案例引入】

小吴是一名中专的学生，还有半年时间就要毕业了，现在正在一家企业实习。一天，财务主管安排小吴根据原始凭证来填制会计凭证，她认认真真地按照要求一笔一笔地录入，录完后主管在对这些会计凭证进行审核时发现有一笔业务的原始凭证中大小写金额不一致，可是小吴却把原始凭证中的小写金额录入了记账凭证，此时主管跟小吴说："你没有审核原始凭证就填制记账凭证了。"此时的小吴非常惭愧，因为她在填制记账凭证的时候确实没有对原始凭证进行审核。

同学们，审核原始凭证真的这么重要吗？在进行会计工作之前，我们需要掌握哪些技能才能更好地胜任工作呢？

【实训目标】

- 能够正确、规范地进行会计书写
- 能够准确、规范地填制和审核原始凭证

【单元概要】

本模块主要是训练基础会计的基本技能，通过训练让学生规范会计中阿拉伯数字、汉字大写数字和大小写金额的书写，正确的书写对于会计从业人员尤为重要，任何书写错误都将给企业带来不必要的损失；训练学生在实际做账过程中各个环节的技能，包括原始凭证的填制与审核、记账凭证的填制与审核、账簿的登记、对账、结账和编制财务报告等，强化该部分的训练有助于对基础会计接续实训内容的准确完成。

实训项目一　会计书写规范

　　会计书写规范是对企业会计事项书写时书写工具、文字或数字、书写要求、书写方法及格式等方面进行的规范。会计文字和数字书写规范是会计的基础工作标准，直接关系到会计工作质量的优劣和会计管理水平的高低，以及会计数据的准确性、及时性和完整性，也是衡量会计人员素质高低的标准之一。会计书写的基本规范有正确、规范、清晰、整洁。

　　会计书写的内容主要有阿拉伯数字的书写、汉字大写数字的书写以及大小写金额的书写等。

工作任务一　小写金额的书写

【实训目的】

通过训练，掌握小写阿拉伯数字的书写规范。

【技能要求】

小写金额书写规范、工整、清晰、流畅、易认。

【知识链接】

　　财务工作中经常要填写阿拉伯数字，数字书写的训练是非常重要的。数字书写的训练，有助于提高会计人员的素质。现实工作中，会计人员数字书写时，不仅存在大量不规范书写，而且存在"0"、"6"不分，"7"、"9"难辨的情况，甚至有把"1"改为"4"或改为"7"等现象，还有人把汉字的书写艺术引入小写数字书写的领域，主张在会计记录中将数字"0123456789"写成美术字。这些都是财会工作中不合乎规范的书写方法，也不合乎手工书写的正常习惯。应该说财务会计中，尤其是会计记账过程中书写的阿拉伯数字，同数学中或汉字中的书写方法并不一致，也不尽相同。

总之，在财会工作中，尤其是在会计记账过程中，阿拉伯数字的书写同普通的汉字书写有所不同，无论是数字所占的位置还是字体、字形等已经形成会计数字的书写格式。

一、数字书写的具体要求

（1）数字应当一个一个地写，不得连笔写，且各数字各自成体，大小匀称，笔顺清晰，合乎手写体习惯，流畅、自然、不刻板。

（2）书写时字迹工整，字体要自右上方向左下方倾斜写，倾斜度约为 60°。

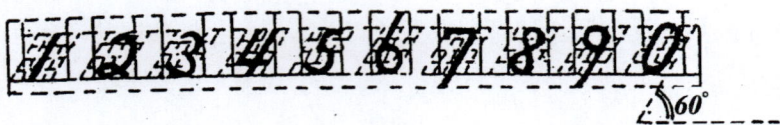

（3）书写数字时，应使每位数字（7、9 除外）紧靠底线且不要顶满格（行）。

一般来讲，每位数字约占预留格子（或空行）的 1/2 空格位置，每位数字之间一般不要连接，也不可预留间隔（以不增加数字为好）；每位数字上方预留 1/2 空格位置，以便订正错误记录时使用。

（4）正确书写一组数字时，应按照自左向右的顺序进行，不可逆方向书写；在没有印刷数字格的会计书写中，同一行相邻数字之间应空出半个数字的位置。

（5）每个数字要紧靠凭证或账表行格底线书写，字体高度占行格高度的 1/2 以下，不能写满格，以便留有改错的空间。

（6）除 4、5 以外的各单数字，均应一笔写成，不能人为地增加数字的笔画。但注意整个数字要书写规范、清晰、工整、易认不易改。

（7）对于不易写好、容易混淆且笔顺相近的数字书写，尽可能地按标准字体书写，区分笔顺，避免混同，以防涂改。

如 "1" 不能写短，且要合乎斜度要求，防止改为 "4"、"6"、"7"、"9"；书写 "6" 时可适当扩大其字体，使起笔上伸到数码格的 1/4 处，下圆要明显，以防改为 "8"；"7"、"9" 两数字的落笔可下伸到底线外，约占下格的 1/4 位置；"6"、"8"、"9"、"0" 都必须把圆圈笔画写顺，并一定要封口；"2"、"3"、"5"、"8" 应各自成体，避免混同。

（8）每个同行相邻的数字之间要空出半个阿拉伯数字的位置。

（9）数字书写错误的更正，一般采用划线更正法。严禁采用刮、擦、涂改或采用药水消除字迹的方法改错。如写错一个数字，或位置登错，一律用红线将错误的数字全部注销掉，并在错误的数字上盖章，而后在原数字的上半部分或正确位置写上正确数字。

（10）在阿拉伯数字的整数部分，可以从小数点起向左按"三位一节"用分位点"，"或空一格分开，如"86,321,000"或"86 321 000"。

二、阿拉伯数字参考字体

1 2 3 4 5 6 7 8 9 0

【实例资料】

1. 按照阿拉伯数字的书写要求，在会计数字练习用纸中写入数字

1	2	3	4	5	6	7	8	9	0	1	2	3	4	5	6	7	8	9	0

2. 对照表中的数字练习没有数位线的小写金额的书写

¥923 637.94	¥58 219.07	¥8 306.92	¥69 218.00	¥87 935.62
¥38 467.23	¥42 782.39	¥589 432.1	¥902 871.34	¥764 839.11
¥526 178.27	¥2 738 925.35	¥3 682 790.01	¥36 473 829	¥27 368 000
¥4 738 239.2	¥46 738 292.1	¥473 689.03	¥4 678 837.32	¥3 625 437.2
¥5 748 398	¥2 738 903.9	¥4 738 927.44	¥2 638 563.67	¥36 283 948

工作任务二　大写金额的书写

【实训目的】

通过实训，掌握中文大写金额的书写规范。

【技能要求】

（1）掌握中文大写金额数字的基本书写要求及规范。

（2）掌握大写金额数字之间的对应要求。

【知识链接】

中文大写数字笔画多，不易涂改，主要用于填写需要防止涂改的销货发票、银行结算凭证等信用凭证，书写时要准确、清晰、工整、美观。如果写错，要标明凭证作废并重新填凭证。

一、中文大写数字的基本要求

（1）中文大写金额数字应用正楷或行书填写，如"壹、贰、叁、肆、伍、陆、柒、捌、玖、拾、佰、仟、万、亿、元、角、分、零、整（正）"等；不得用"一、二（两）、三、四、五、六、七、八、九、十等文字代替大写金额数据；不得自造简体字。

（2）中文大写金额数字到"元"为止的，在"元"之后，应写"整"（或"正"）字；

中文大写金额数字到"角"为止的，在"角"之后，可以写"整"（或"正"）字，也可不写"整"（或"正"）字；大写金额数字有分的，在"分"字之后不写"整"（或"正"）字。

（3）大写金额前若没有印制"人民币"字样的，书写时，在大写金额前要冠以"人民币"字样。"人民币"与金额首位数字之间不得留有空格，数字之间更不能留存空格，写数字与读数字顺序要一致。

（4）表示数字为拾几、拾几万时，大写文字前必须有数字"壹"字，因为"拾"字代表位数，而不是数字。例如，10 元应写成壹拾元整；又如 16 元，应写成壹拾陆元整。

（5）中文大写数字错误的订正方法。中文大写数字写错或发现漏记，不能涂改，也不能用"划线更正法"，必须重新填写凭证。

二、大小写金额之间的对应要求

（1）阿拉伯数字中间有"0"的，中文大写金额要写"零"字。例如，¥4 809.4，应写成"人民币肆仟捌佰零玖元肆角整"。

（2）如果金额数字中间有两个或两个以上"0"字时，可只写一个"零"字。例如，金额为¥1 004.8 元，应写成"人民币壹仟零肆元捌角整"。

（3）阿拉伯数字万位或元位是"0"，或者数字中间连续有几个"0"，万位、元位也是"0"，但千位、角位不是"0"时，中文大写金额中可以只写一个零字，也可以不写"零"字。

例如，"¥103 879.45"，应写成"人民币壹拾万零叁仟八佰柒拾玖元肆角伍分"或者"人民币壹拾万叁仟八佰柒拾玖元肆角伍分"。

例如，"¥6 140.76"，应写成"人民币陆仟壹佰肆拾元零柒角陆分"或者"人民币陆仟壹佰肆拾元柒角陆分"。

例如，"¥208 000.46"，应写成"人民币贰拾万捌仟零肆角陆分"或者"人民币贰拾万捌仟肆角陆分"。

（4）阿拉伯金额数字角位是"0"，而分位不是"0"时，中文大写金额"元"后面应写"零"字。

例如，"¥3 689.02"，应写成"人民币叁仟陆佰捌拾玖元零贰分"。

【实例资料】

一、中文大写书写训练

零、壹、贰、叁、肆、伍、陆、柒、捌、玖、拾、佰、仟、万、亿、元、角、分、整

零									
壹									
贰									
叁									
肆									
伍									
陆									
柒									
捌									
玖									
拾									
佰									
仟									
万									
亿									
元									
角									
分									
整									

二、将下列阿拉伯数字金额写成中文大写数字

（1）¥2 008.98

应写成：

（2）¥8 867.90

应写成：

（3）¥299 801.47

应写成：

（4）¥8 029.02

应写成：

（5）¥53 008.81

应写成：

（6）¥49 088.23

应写成：

（7）¥40 001.00

应写成：

（8）¥73 820.04

应写成：

（9）¥53 002.47

应写成：

（10）¥876 002.00

应写成：

（11）¥49 201.88

应写成：

（12）¥123 001.03

应写成：

（13）¥93 020.00

应写成：

（14）¥49 021.85

应写成：

（15）¥489 302.10

应写成：

（16）￥102 568.45

应写成：

（17）￥2 560.43

应写成：

（18）￥105 000.35

应写成：

（19）￥2 598.03

应写成：

（20）￥209 000.32

应写成：

三、将下列中文大写数字写成阿拉伯数字

（1）人民币贰拾捌元伍角陆分

应写成：

（2）人民币伍仟贰佰万零陆仟玖佰柒拾捌元整

应写成：

（3）人民币叁仟万零贰拾元整

应写成：

（4）人民币壹拾玖万零贰拾叁元整

应写成：

（5）人民币玖角捌分

应写成：

（6）人民币柒万肆仟伍佰零贰元捌角陆分

应写成：

（7）人民币玖仟叁佰元零伍角整

应写成：

（8）人民币贰拾肆万零捌佰零壹元零玖分

应写成：

（9）人民币壹拾万元整

应写成：

（10）人民币陆佰万零柒分

应写成：

（11）人民币拾肆万叁仟零贰元伍角

应写成：

（12）人民币捌万陆仟叁佰零贰元整

应写成：

（13）人民币壹拾陆万肆仟玖佰陆拾元捌角陆分

应写成：

（14）人民币肆拾玖万捌仟零壹拾伍元伍角柒分

应写成：

（15）人民币捌拾玖万肆仟伍佰陆拾柒元整

应写成：

（16）人民币壹拾陆万零捌拾伍元肆角整

应写成：

（17）人民币壹佰柒拾玖万零伍佰捌拾玖元整

应写成：

（18）人民币贰仟捌佰叁拾伍万零贰元陆角柒分

应写成：

（19）人民币伍万叁仟柒佰零捌元叁角贰分

应写成：

（20）人民币伍拾玖万零捌佰柒拾壹元整

应写成：

实训项目二　原始凭证的填制与审核

【实训目的】

能够熟练地填制各种原始凭证，了解不同原始凭证所代表的经济业务，能独立完成不同原始凭证的审核，达到与实际财务工作相接轨的目的。

【技能要求】

（1）掌握不同类型原始凭证的填制技巧。

（2）掌握不同类型原始凭证的审核要点。

【知识链接】

原始凭证是经济业务发生时企业获得的第一手资料。它的种类较多，不同的原始凭证其具体内容也是不完全一致的。原始凭证作为收集和记录经济数据的载体，都起着证明经济业务已经发生或完成的作用。因此，都应当具备说明经济业务完成情况和明确有关人员经济责任等共同的因素。

构成原始凭证的基本内容：

（1）原始凭证的名称。不同的原始凭证名称有所不同，例如，发票、发料汇总表、费用报销单、入库单、限额领料单等。不同原始凭证来源不尽相同，可以根据原始凭证的名称，判断其来源以及发生的经济业务类型。例如，发料汇总表，它的来源是企业内部的仓库，是材料在发出后对原材料发出情况的汇总情况的说明。

（2）填制的日期。一般情况下，原始凭证日期表明的是经济业务发生的日期，但少数经济业务在发生时也可能来不及填制原始凭证，为了及时反映经济活动的情况和结果，应当尽快地完成原始凭证的填制。

（3）原始凭证的编号。原始凭证的编号是为了加强凭证的管理以及事后备查而对凭证进行号码的编排，这样可以避免原始凭证被人为损毁，也可以方便企业及其他部门在经济业务发生后对原始凭证进行检查和监督。

（4）交易双方的名称。每一项经济业务的发生，都会涉及当事人双方，例如，销售商品有买卖双方，向银行借款和借贷等。因此，一份完整的原始凭证应当载明双方的当事人名称，以准确地反映双方的经济责任，同时也为检查和验证该经济业务的真实性提供方便。

（5）经济业务的内容（包括实物数量、单价和金额等）。原始凭证本身虽然可以反映经济业务的基本类型，但无法说明经济业务的具体内容，如购货发票本身反映了企业的购货活动，但不能标明购货的具体种类。而不同的购货内容在账务处理上可能存在很大的差异，因此，在原始凭证中需对经济业务的具体内容进行记载，以满足会计核算和监督的需要。

（6）经办人员的签名和盖章。为了明确经济责任，有关的经办人员应在原始凭证上签名和盖章。

（7）原始凭证的联次和附件。绝大多数的原始凭证都有联次。例如，增值税共四联，销售发票共三联等，不同的原始凭证联次不尽相同。

经济业务发生时，对业务中所涉及的经济数据应通过原始凭证来记录，以证明经济业务的发生与完成情况。因此，原始凭证是一切经济业务发生的依据，是编制记账凭证的基础。

一、不同类别原始凭证的填制

原始凭证按不同的标准分为不同的类别。常用的原始凭证主要有：

1. 发票

发票是单位和个人在购销商品，提供或者接受劳务以及从事其他经营活动中，开具、取得的证明买卖双方交易成立的书面凭证。发票分为普通发票和增值税专用发票。普通发票一般有三联，包括存根联、发票联和记账联。增值税发票有四联，包括存根联、发票联、抵扣联和记账联。其中抵扣联中的增值税额购买方进行税务申报时可以用于抵扣增值税销项税额。

普通发票是企业销售应税货物或劳务而取得收入时，向购货方填写出具的发票。其填写要求如下：

（1）应使用蓝（黑）复写纸，一次性将各联次套写，不得将各联次分别填写。普通发票一般一式三联。其中，第一联为存根联，第二联为发票联，第三联为记账联；第二联交购货单位，第三联交企业财会部门，据以核算产品销售收入和增值税销项税额。

（2）按号码顺序使用，填写字迹清楚，不得涂改、挖补，如属裁剪发票，发票联大写要与剪券剪留的金额相符，否则视为无效发票。作废的发票应加盖"作废"字样，并将原有各联附在存根联上，已用发票的存根要保存好，以备税务部门验收。

（3）填写内容齐全，具体包括以下事项：①开票日期按公历用阿拉伯数字填写。

②购货单位名称填写全称。③货物或应税劳务名称、规格型号、计量单位、数量，按实际情况填写，并加盖单位发票专用章（第一联、第三联不加盖）。

云南省国家税务局通用手工发票

发 票 联

发票代码 153001051632
发票号码 26988762

付款单位：　　　　　　　　　　　　　　　　　　　　　年　月　日

项目内容	金额					备注
	百	十	元	角	分	

收款单位名称：　　　　　　　　　开票人：
收款单位税号：

【**例 1**】2014 年 10 月 15 日，新科电子有限公司向云南省昆明市防护配件厂购买防护服 200 套，单价 100 元/套，一次性防护口罩 10 000 个，单价 7 元/个。

防护配件厂开具货物销售统一发票，收款人：王为民，开票人：李欣汝。

云南省国家税务局通用手工发票

发 票 联

发票代码 153001051632
发票号码 26988762

付款单位：新科电子有限公司　　　　　　　　　　　2014 年 10 月 15 日

项目内容	金额							备注
	万	千	百	十	元	角	分	
防护服	2	0	0	0	0	0	0	
防护口罩	7	0	0	0	0	0	0	
合计人民币 （大写）　玖万元整	9	0	0	0	0	0	0	

第二联：发票联

收款单位名称：防护配件厂　　　　　　　开票人：李欣汝
收款单位税号：53012389742228

增值税专用发票是一般纳税人企业销售应税货物或劳务而取得收入时，向购货方填写出具的发票。其填写要求如下：

（1）应使用蓝（黑）复写纸，一次性将各联次套写，不得将各联次分别填写。增值税专用发票一般为一式四联。其中，第一联为存根联，第二联为发票联，第三联为抵扣联，第四联为记账联。第二、第三联交购货单位，第四联交企业财会部门，据以核算产品销售收入和增值税销项税额。

（2）按号码顺序使用，填写字迹清楚，不得涂改、挖补，作废的发票应加盖"作废"字样，并将原有各联附在存根联上，已用发票的存根保存好，以备税务部门验收。

（3）填写内容齐全，具体包括以下事项：①开票日期按公历用阿拉伯数字填写。②购货单位名称填写全称，纳税人识别号按税务登记代码填写。③货物或应税劳务名称、规格型号、计量单位、数量、税率按实际情况填写；金额应填写不含税的销售额；税额、价税合计都应计算准确。④销货单位的名称、地址、电话、税务登记号、开户银行及账户均应填齐，并加盖单位发票专用章（第一联、第四联不加盖）。税控机开出的增值税专用发票要求与手工开出的基本相同，税控发票一式七联。

云南省增值税专用发票 No.

发 票 联 开票日期

购货单位	名　　称： 纳税人识别号： 地　址、电话： 开户银行及账号：												密码区									
货物或应税 劳务名称	计量 单位	数量	单价	金额								税率	税额									
				百	十	万	千	百	十	元	角	分		百	十	万	千	百	十	元	角	分
合　计																						
价税合计 （大写）	（小写）¥																					
销货单位	名　　称： 纳税人识别号： 地　址、电话： 开户银行及账号：												密码区									

第二联：发票联

【例2】2014年12月12日，新科电子有限公司向云南省昆明市电子修配厂购买甲材料10000件，单价50元/件，增值税税率为17%。

新科电子有限公司纳税人识别号：530103436790142，地址：云南省昆明市北京路3110号，电话：0871-6558111，开户银行及账号：中国工商银行金桥支行6222028333302043981。

昆明市电子修配厂纳税人识别号：530107687230112，地址：云南省昆明市华新路 1002 号，电话：0871-8871999，开户银行及账号：中国工商银行华新支行 6222021888876980981。

云南省国家税务局通用机打发票　　No.

发票联

开票日期：2014 年 12 月 12 日

| 购货单位 | 名　　　　称：新科电子有限公司
纳税人识别号：530103436790142
地　址、电话：云南省昆明市北京路 3110 号
　　　　　　0871-6558111
开户银行及账号：中国工商银行金桥支行
　　　　　　6222028333302043981 | | | | | | | | | | | | | 密码区 | | | | | | | | | |

货物或应税劳务名称	计量单位	数量	单价	金额									税率	税额								
				百	十	万	千	百	十	元	角	分		百	十	万	千	百	十	元	角	分
甲材料	件	10 000	50	5	0	0	0	0	0	0	0	0	17%		8	5	0	0	0	0	0	0
合　计				5	0	0	0	0	0	0	0	0			8	5	0	0	0	0	0	0
价税合计（大写）	人民币伍拾捌万伍仟元整								（小写）¥585 000.00													

| 销货单位 | 名　　　　称：昆明市电子修配厂
纳税人识别号：530107687230112
地　址、电话：云南省昆明市华新路 1002 号
　　　　　　0871-8871999
开户银行及账号：中国工商银行华新分行
　　　　　　6222021888876980981 | 密码区 | |

第二联：发票联

2. 银行结算凭证

银行结算凭证是收付款双方及银行办理银行转账结算的书面凭证。它是银行结算的重要组成内容，也是银行办理款项划拨、收付款单位和银行进行会计核算的依据。不同的结算方式，由于其适用范围、结算内容和结算程序不同，因而其结算凭证的格式、内容和联次等也各不相同。

各种结算凭证的格式、联次和办理程序不同，其具体内容也有较大差别，但各种结算凭证的基本内容大致相同。常用的银行结算凭证有银行支票、银行本票、银行汇票、商业汇票等。

支票（Cheque，Check）是以银行为付款人的即期汇票，可以看作汇票的特例。支票出票人签发的支票金额，不得超出其在付款人处的存款金额。如果存款低于支票金额，银行将拒付给持票人。这种支票称为空头支票，出票人要负法律责任。

开立支票存款账户和领用支票，必须有可靠的资信，并存入一定的资金。支票可分为现金支票、转账支票、普通支票。

银行本票是申请人将款项交存银行，由银行签发的承诺自己在见票时无条件支付确定的金额给收款人或者持票人的票据。银行本票按照其金额是否固定可分为不定额和定额两种。不定额银行本票是指凭证上金额栏是空白的，签发时根据实际需要填写金额（起点金额为 5000 元），并用压数机压印金额的银行本票；定额银行本票是指凭证上预先印有固定面额的银行本票。定额银行本票面额为 1000 元、5000 元、10000 元和 50000 元，其提示付款期限自出票日起最长不得超过 2 个月。银行本票见票即付，不予挂失，当场抵用，付款保证程度高。

银行汇票是指由出票银行签发的，由其在见票时按照实际结算金额无条件付给收款人或者持票人的票据。银行汇票的出票银行为银行汇票的付款人。多用于办理异地转账结算和支取现金，尤其在见票时，按照实际结算金额无条件支付给收款人或持票人的票据。银行汇票有使用灵活、票随人到、兑现性强等特点，适用于先收款后发货或钱货两清的商品交易。

商业汇票是出票人签发的，委托付款人在指定日期无条件支付确定的金额给收款人或者持票人的票据。商业汇票分为商业承兑汇票和银行承兑汇票。商业承兑汇票由银行以外的付款人承兑（付款人为承兑人），银行承兑汇票由银行承兑。

中国工商银行 电汇凭证（汇款依据） **3**

银行承兑汇票 2 CA01 00000000

【例3】2014 年 12 月 12 日，新科电子有限公司开出一张银行承兑汇票，支付当日在昆明市电子修配厂购买甲材料的款项。

银行承兑汇票 2 CA01 00000000

出票日期（大写）贰零壹肆 年 壹拾贰 月 壹拾贰 日

出票人全称 新科电子有限公司
出票人账号 6222028333302043981
付款行全称 中国工商银行金桥支行
出票金额 人民币（大写）伍拾捌万伍仟元整 585000 00
汇票到期日（大写）贰零壹伍年零叁月壹拾贰日
承兑协议编号 0000000021

收款人 全称 昆明市电子修配厂
账号 6222021888876980981
开户银行 中国工商银行华新支行
付款行 行号 10008656
地址 云南省昆明市北京路1203号

3. 仓库常用凭证

企业仓库是用于存放购进材料、半成品、产成品以及其他货物的常用场所。仓库中存放的材料或货物一般都由仓库保管员监管。仓库保管员根据实际验收情况或者实际发出情况填制相应的原始凭证，以便对材料或货物的收到与发出情况进行实时记录。如果缺乏实物入库和出库的控制，不能防止采购人员与供应商串通舞弊，虚报采购量、实物短少的风险。它是企业内部管理和控制的重要凭证。

仓库常用的原始凭证有收料单、领料单、限额领料单、发料凭证汇总表、入库单、出库单等。

收料单（产品入库单）是企业将材料、产成品验收入库时，由仓库保管员填写的。填写内容主要有：

（1）应用蓝（黑）色复写纸一次复写各联。一般一式四联，其中，第一联存根，第二联由保管员用以登记材料、产成品保管账，第三联交财会部门，据以核算材料及产成品入库的实际成本，第四联交统计部门。

（2）各项内容填写应齐全，书写规范。

（3）各有关责任人签名盖章。

收料单

发票号：　　　年　月　日　　　　　　　编号：

供应单位				材料类别及编号			
材料名称及规格	单位	数量		实际成本			
		发票	实收	发票价格	运杂费	合计	单价
备注：							

核算：　　　　主管：　　　　保管：　　　　检验：　　　　交库：

入库单
年　月　日

生产部门：　　　　　　　　仓库：　　　　　　　　　　　第　　　号

物品名称	规格	单位	送验数量	实收数量	金额										备注
					千	百	十	万	千	百	十	元	角	分	
合计															

会计主管：　　　　　　　仓库管理员：　　　　　制单：

第三联：会计记账

　　领料单（产品出库单）是由领用部门在领用材料及销售产品时填写。其填写方法与收料单、产品入库单的填写方法相同。仓库审核发出材料或产成品后将其中第三联交财会部门，据以核算材料、产成品的发出和相关材料费用及产品销售成本。

领料单

领料部门 ＿＿＿＿＿＿＿＿＿　　　　　　年　月　日　　　　　　　　0000616

编号	品名	规格	单位	请领数量	实发数量	单价	金额								备注
							十万	千	百	十	元	角	分		
附注：					合计										

主管：　　　　　　会计：　　　　　　发料：　　　　　　领料：

第三联：交会计

出库单

用途：　　　　　　　　　　年　月　日

货号	品名	单位	数量	单价	金额	备注
合计	人民币（大写）					

记账：　　　　　　保管：　　　　　　检验：　　　　　　制单：

　　限额领料单属于累计原始凭证，它是经济业务发生时在一张单据上不同时间的连续记录。

限额领料单

领料部门：　　　　　　　　　　库房：　　　　　　　　　　编号：
用途：　　　　　　　　　　年　月　　　　　　　　单位消耗定额：

名称及规格	计量单位	领用限额		全月实额		
				数量	计划单价	金额
	请领数	实发数		退库		
						限额结余
领料日期	数量	数量	发料人	领料人	数量	收料人	退料人
合计							

供应处材料供应员：　　　　　　生产处材料计划员：　　　　　　仓库负责人：

发料凭证汇总表属于汇总原始凭证，是将若干发料凭证汇总编制成一张原始凭证。

发料凭证汇总表

年　月　　　　　　　　　　　　　　　　　　单位：元

领料部门和用途		材料类别				合计
		主要材料	辅助材料	低值易耗品		
合计						

主管：　　　　　　　　复核：　　　　　　　　制表：

【例4】2014年12月20日，新科电子有限公司第一车间领取甲材料生产配件A。

领料单

领料单位：第一车间　　　　　　2014年12月20日　　　　　　编号：012

用途	生产配件A		材料类别及编号			
材料名称及规格	单位	请领数	实发数		单价	金额
甲材料	件	300	300			
合计		300	300			
备注						

4. 其他原始凭证

企业在生产经营过程中有很多自制的或外来的其他原始凭证，所有原始凭证都是财务记账的依据。常用的其他原始凭证有工资结算单、借款单、费用报销单、折旧计算表、制造费用分配表、住宿发票、餐饮发票、广告费发票等。

工资费用分配汇总表

借方科目 ＼ 部门	应付工资			合计
合计				

制表：　　　　　　　　记账：

固定资产折旧计算表

年 月 日

折旧	部门	类别	月初固定资产原值	月折旧率	折旧额	合计
制造费用	生产车间	房屋建筑物				
		机器设备				
销售费用	销售部门	机器设备				
管理费用	管理部门	非生产用				
合计						

制表：　　　　　　　　　　　记账：

二、原始凭证的审核

原始凭证的填制虽然很多已经实现计算机化，但是由于机器本身及人员操作等原因，原始凭证仍然可能存在填制错误的情况，然而原始凭证是填制记账凭证和账簿的重要工具，因而必须对每份填制好的原始凭证进行审核，做到及时、严谨。

怎么审核原始凭证呢？概括起来就是：①审要素，即审核原始凭证基本要素；②审"抬头"；③审"填写内容"，即审核是否存在字迹不清、货物名称填写不具体等；④审数字，即审核数字是否符合书写规则，是否符合相关经济业务，是否符合相关规则并且是否涂改；⑤审"阴阳票"，即审核是否存在上下联不一致的情况；⑥审"经济内容"，即审核行业专业发票与经济业务内容是否一致；⑦审"白条"，即审核是否存在不符合财务制度和会计凭证填制手续的非正式原始凭证；⑧审印章，即印章是否清晰、是否乱盖；⑨审"开支标准"，即审核是否存在招待费、差旅费等不符合规定的开支。

会计机构和会计人员审核原始凭证时，对不真实、不合法的原始凭证有权不予接受，并向单位负责人报告，对记载不准确、不完整，手续不完备、数字有差错的原始凭证，应当予以退回，并要求按照国家统一的会计制度的规定进行更正、补充。

【实训任务】
实训任务一　填制原始凭证

请根据下列经济业务填制相关原始凭证：

（1）2014年12月14日，新科电子有限公司销售配件A 2000件给万通电子公司，单价10元/件，增值税税率17%，已开具增值税发票。

万通电子公司的纳税号：662102334010230；地址、电话：云南省昆明市四通路1003号，0871-88019982；开户银行：中国建设银行，账号：4000129182 03942211。

云南省增值税专用发票　　No.

发票联　　　　开票日期

| 购货单位 | 名　　　　称：
纳税人识别号：
地　址、电话：
开户银行及账号： | | | | | | | | | | | | | 密
码
区 | | | | | | | | | | |

货物或应税劳务名称	计量单位	数量	单价	金额									税率	税额									
				百	十	万	千	百	十	元	角	分		百	十	万	千	百	十	元	角	分
合　计																						
价税合计 （大写）				(小写)￥																		

| 销货单位 | 名　　　　称：
纳税人识别号：
地　址、电话：
开户银行及账号： | | | | | | | | | | | | | 密码区 | | | | | | | | | | |

第二联：发票联

（2）2014年12月14日，收到万通电子公司的一张转账支票，支付购买配件A的款项（请帮万通电子公司填制该支票）。

（3）2014年12月16日，生产车间第一车间生产完工配件A共4000件，验收入库。生产单价：5元/件。

入库单

年 月 日

生产部门： 　　　　　　　　　　　　　　　　　　　　　　　　　第　 号

物品名称	规格	单位	送验数量	实收数量	金额										备注
					千	百	十	万	千	百	十	元	角	分	
合计															

单位主管：略　　　　会计主管：略　　　　验收人：略　　　　交库人：略

实训任务二　审核原始凭证

请根据下列原始凭证归纳出经济业务的内容。

（1）该原始凭证涉及的业务内容是：

银行进账单（收账通知）3

2014 12 20

出票人　全称：沅江电子配件厂　账号：6222024446722210006　开户银行：工商银行昆明火车站支行

金额　人民币（小写）2000000

收款人　全称：新科电子有限公司　账号：6222028333302043981　开户银行：中国工商银行金桥支行

票据种类：电汇　票据张数：1　票据号码：200001982　前欠货款

（2）该原始凭证涉及的业务内容是：

领料单

领料单位：第二车间　　　　　　　　2014 年 12 月 20 日　　　　　　　　编号：013

用途	生产配件 A		材料类别及编号			
材料名称及规格	单位	请领数	实发数	单价（元/件）	金额（元）	
乙材料	件	500	500	20	10 000	
合计		500	500	20	10 000	
备注						

（3）该原始凭证涉及的业务内容是：

限额领料单

领料部门：第三车间　　　　　　库房：105　　　　　　　　　编号：001
用途：生产车间耗用　　　　　　2014 年 12 月　　　　　　单位消耗定额：略

名称及规格	计量单位	领用限额		全月实额		
丙材料	千克	50		数量	计划单价（元/千克）	金额（元）
				40	50	2000
	请领数	实发数		退库		限额结余
领料日期	数量	数量	发料人	领料人	数量	收料人	退料人	
2014 年 12 月 4 日	20	20	李佩红	王亚光				30
2014 年 12 月 14 日	15	15	李佩红	王亚光				15
2014 年 12 月 19 日	5	5	李佩红	王亚光				10
合计	40	40						10

供应处材料供应员：略　　　　生产处材料计划员：略　　　　仓库负责人：略

（4）该原始凭证涉及的业务内容是：

云南省国家税务局通用机打发票　　　　发票代码 1530011139219
发票联　　　　　　　　　　　　　　发票号码 02979901

2014 年 12 月 20 日
付款方名称：富士康有限责任公司　　行业分类　电子科技　　付款方识别号：36993560012101

货物或应税劳务名称	规格	单位	单价	数量	金额
配件 A 产品		件	234	400	93 600.00

合计人民币（大写）：玖万叁仟陆佰元整　　合计：93 600.00
备注：
发票代码：1530011139219 发票代码 029799001（如与右上角印刷码不一致，发票无效！）

收款方名称（签章）：新科电子有限公司
收款方识别号：36990847382910　　开票人：柳万东

新科电子有限公司
36990847382910
发票专用章
3601000086471

第三联：记账联 销货单位收款凭证

（5）该原始凭证涉及的业务内容是：

工资费用分配汇总表

借方科目 ＼ 部门	应付工资				
	电子配件 A	电子配件 B	生产车间	管理部门	合计
生产成本	30 000	40 000			70 000
制造费用			25 000		25 000
管理费用				80 000	80 000
合　计	30 000	40 000	25 000	80 000	175 000

制表：王达　　　　　　　　记账：林小玉

（6）该原始凭证描述的经济业务是：

固定资产折旧计算表

2014 年 12 月 31 日

折旧	部门	类别	月初固定资产原值	月折旧率（%）	折旧额	合计
制造费用	生产车间	房屋建筑物	3 000 000	1	30 000	30 000
		机器设备	200 000	2	4 000	4 000
销售费用	销售部门	机器设备	150 000	2	3 000	3 000
管理费用	管理部门	非生产用	100 000	1	1 000	1 000
合计			3 450 000			38 000

制表：刘欢　　　　　　　　记账：王小玉

（7）该原始凭证描述的经济业务是：

中国工商银行**电汇凭证** (收账通知)

委托日期 2014 年 12 月 15 日

汇款人	全称	华南电子配件厂		收款人	全称	新科电子有限公司									
	账号	4000023928109203322			账号	6222028333302043981									
	汇出地点	广东省广州市			汇入地点	云南省昆明市									
汇出行名称		中国工商银行白云支行		汇入行名称		中国工商银行金桥支行									

金额	人民币（大写）	伍拾万元整	亿	千	百	十	万	千	百	十	元	角	分
						¥	5	0	0	0	0	0	0	0

	支付密码
汇出行签章	附加信息及用途：购买材料前欠货款
	复核：　　　　记账：

实训项目三　记账凭证的填制与审核

　　企业单位在经营活动中，不断地发生各种经济业务。为了如实反映这些经济业务的发生和完成情况，必须填制有证明效力的书面文件。会计凭证是记录经济业务的发生和完成情况，明确经济责任，作为记账依据的书面证明。

　　填制和审核记账凭证是会计的一项基本工作，也是会计的专门方法之一。记账凭证在会计核算工作中起着重要的作用。

工作任务一　记账凭证的填制

【实训目的】

　　通过实训，掌握各类记账凭证的填制方法，能独立、规范地完成各类记账凭证的填制。

【技能要求】

　　（1）掌握收款凭证、付款凭证和转账凭证的填制方法及要求。

　　（2）掌握记账凭证的填制方法及要求。

【知识链接】

一、收款凭证的填制方法及要求

　　（1）借方科目。凭证左上角"借方科目"处，按照业务内容选填"银行存款"或"库存现金"科目。

　　（2）贷方科目。"总账科目"和"明细科目"栏填写与银行存款或现金收入相对应的总账科目及其明细科目。

（3）日期填写。凭证上方的"年、月、日"处，填写财会部门受理经济业务事项制证的日期。

（4）编号。

1）凭证右上角的"字第 号"处，填写"银收"或"收"字和已填制凭证的顺序编号。

2）若一笔经济业务事项所编制的一笔会计分录涉及较多会计科目，需要2张或2张以上记账凭证才能填写完毕时，应编写分号，即在原记账凭证号后面用分数的形式表示。

（5）摘要填写。"摘要"栏填写能反映经济业务性质和特征的简要说明。

（6）标明附件张数。填写所附原始凭证的张数。

（7）明确责任。凭证下边分别由相关人员签字或盖章。

（8）其他要求。"记账"栏则应在已经登记账簿后划"√"符号，表示已经入账，以免发生漏记或重记错误。填写完记账凭证上的经济业务后，应当在自金额栏最后一笔的金额数字下至合计数之间的空白栏处划斜线或"S"形线注销。

收 款 凭 证

借方科目＿＿＿＿＿＿＿ 年 月 日 ＿＿字第＿＿号

摘要	贷方科目		记账	金额									
	总账科目	明细科目		千	百	十	万	千	百	十	元	角	分

财务主管： 记账： 出纳： 审核： 制单：

附单据 张

收 款 凭 证

借方科目＿库存现金＿ 2011 年 5 月 20 日 现收字第 1 号

摘要	贷方科目		过账	金额									
	总账科目	明细科目		千	百	十	万	千	百	十	元	角	分
退回预借差旅费余款	其他应收款	王力							2	7	0	0	0
合计									¥	2	7	0	0	0

财务主管： 记账： 出纳： 审核： 制单：

附单据 1 张

二、付款凭证的填制方法及要求

（1）贷方科目。凭证左上角"贷方科目"处，按照业务内容选填"银行存款"或"库存现金"科目。

（2）借方科目。"总账科目"和"明细科目"栏填写与银行存款或现金收入相对应的总账科目及其明细科目。

（3）日期填写。凭证上方的"年、月、日"处，填写财会部门受理经济业务事项制证的日期。

（4）编号。

1）凭证右上角的"字第 号"处，填写"银付"或"付"字和已填制凭证的顺序编号。

2）若一笔经济业务事项所编制的一笔会计分录涉及较多会计科目，需要 2 张或 2 张以上记账凭证才能填写完毕时，应编写分号，即在原记账凭证号后面用分数的形式表示。

（5）摘要填写。"摘要"栏填写能反映经济业务性质和特征的简要说明。

（6）标明附件张数。填写所附原始凭证的张数。

（7）明确责任。凭证下边分别由相关人员签字或盖章。

（8）其他要求。"记账"栏则应在已经登记账簿后划"√"符号，表示已经入账，以免发生漏记或重记错误。填写完记账凭证上的经济业务后，应当在自金额栏最后一笔的金额数字下至合计数之间的空白栏处划斜线或"S"形线注销。

付 款 凭 证

贷方科目＿＿＿＿＿＿＿＿＿ 　　年　　月　　日　　　　　　　　字第＿＿＿号

摘要	借方科目		记账	金　额										附单据 张
	总账科目	明细科目		千	百	十	万	千	百	十	元	角	分	
合计金额														

财务主管：　　　　记账：　　　　出纳：　　　　　　审核：　　　　领款人签章：

付款凭证

贷方科目　库存现金　　　　　2011 年 5 月 4 日　　　　　　　　现付字第 1 号

摘要	借方科目		记账	金额										
	总账科目	明细科目		千	百	十	万	千	百	十	元	角	分	
支付差旅费	其他应收款	王力						1	0	0	0	0	0	附单据1张
合计金额								Y	1	0	0	0	0	

财务主管：　　　　记账：　　　　出纳：　　　　审核：　　　　制单：×××

三、转账凭证和通用记账凭证的填制方法及要求

转账凭证与通用记账凭证的结构类似，填制方法与要求也基本一致。填制方法及要求如下：

（1）会计分录正确。会计分录是记账凭证的主体部分，应保持清晰、正确的对应关系。一级科目按照会计准则统一规范的会计科目填写，使用全称，不得简化。

（2）日期填写。凭证上方的"年、月、日"处，填写财会部门受理经济业务事项制证的日期。

（3）编号。

1）凭证右上角的"字第　号"处，填写"转"或"记"字和已填制凭证的顺序编号。

2）若一笔经济业务事项所编制的一笔会计分录涉及较多会计科目，需要 2 张或 2 张以上记账凭证才能填写完毕时，应编写分号，即在原记账凭证号后面用分数的形式表示。

（4）摘要填写。"摘要"栏填写能反映经济业务性质和特征的简要说明。

（5）标明附件张数。填写所附原始凭证的张数。

（6）明确责任。凭证下边分别由相关人员签字或盖章。

（7）其他要求。"记账"栏则应在已经登记账簿后划"√"符号，表示已经入账，以免发生漏记或重记错误。填写完记账凭证上的经济业务后，应当在自金额栏最后一笔的金额数字下至合计数之间的空白栏处划斜线或"S"形线注销。

转 账 凭 证

年 月 日 ____字第____号

摘要	总账科目	明细科目	√	借方金额											√	贷方金额										
				千	百	十	万	千	百	十	元	角	分			千	百	十	万	千	百	十	元	角	分
合计金额																									

财务主管:　　　记账:　　　出纳:　　　审核:　　　制单:

附单据　张

转 账 凭 证

2011 年 5 月 24 日　　　　　　　　　　转字第 3 号

摘要	总账科目	明细科目	√	借方金额											√	贷方金额										
				千	百	十	万	千	百	十	元	角	分			千	百	十	万	千	百	十	元	角	分
收到商业汇票	应收票据					4	9	1	4	0	0	0	0												
	应收账款	宏达商场																4	9	1	4	0	0	0	0
合计						¥	4	9	1	4	0	0	0				¥	4	9	1	4	0	0	0	0

财务主管:　　　记账:　　　出纳:　　　审核:　　　制单:×××

附单据一张

记 账 凭 证

年 月 日　　　　　　　　　　字第 号

摘要	总账科目	明细科目	借方金额											借方金额											√
			亿	千	百	十	万	千	百	十	元	角	分	亿	千	百	十	万	千	百	十	元	角	分	
合计																									

会计主管:　　　记账:　　　复核:　　　出纳:　　　制单:

【实训任务】

实训任务　根据以下原始凭证填制对应的记账凭证

1.

银行进账单（收账通知）3

2014 年 12 月 20 日

出票人	全　称	沅江电子配件厂
	账　号	6220024446722210006
	开户银行	工商银行昆明火车站支行
金额	人民币（小写）	亿 千 百 十 万 千 百 十 元 角 分　2 0 0 0 0 0 0
收款人	全　称	新科电子有限公司
	账　号	6220028333302043981
	开户银行	中国工商银行金桥支行
票据种类	电汇	票据张数 1
票据号码	200001982	

前欠货款

此联是收款人开户银行交给收款人的收账通知

收款人开户银行签章

复核　　　　记账

收 款 凭 证

借方科目_____　　　　　　　年　　月　　日　　　　　　　____字第____号

对方单位（或缴款人）	摘要	贷方科目		记账	金额										
		总账科目	明细科目		千	百	十	万	千	百	十	元	角	分	
															附单据
															张
	合计金额														

财务主管：　　　记账：　　　　出纳：　　　　审核：　　　　制单：

2.

领料单

领料单位：第二车间　　　　　　　2014 年 12 月 20 日　　　　　　　编号：013

用途	生产配件 A		材料类别及编号		
材料名称及规格	单位	请领数	实发数	单价（元/件）	金额（元）
乙材料	件	500	500	20	10 000
合计		500	500		10 000
备注					

转 账 凭 证

年　月　日　　　　　　　　　　　　字第＿＿＿号

摘要	总账科目	明细科目	√	借方金额 千 百 十 万 千 百 十 元 角 分	√	贷方金额 千 百 十 万 千 百 十 元 角 分	附单据 张
合计金额							

财务主管：　　　　记账：　　　出纳：　　　　审核：　　　　制单：

3.

工资费用分配汇总表

部门　　　借方科目	应付工资				
	电子配件 A	电子配件 B	生产车间	管理部门	合计
生产成本	30 000	40 000			70 000
制造费用			25 000		25 000
管理费用				80 000	80 000
合计	30 000	40 000	25 000	80 000	175 000

制表：王达　　　　　　　　记账：林小玉

转 账 凭 证

年　月　日　　　　　　　　　　　凭证编号＿＿＿＿＿

摘要	总账科目	明细科目	√	借方金额 千 百 十 万 千 百 十 元 角 分	√	贷方金额 千 百 十 万 千 百 十 元 角 分	附单据 张
合计金额							

财务主管：　　　　记账：　　　出纳：　　　　审核：　　　　制单：

4.

中国工商银行**电汇凭证**（收账通知）

委托日期 2014 年 12 月 15 日

<table>
<tr><td rowspan="3">汇款人</td><td>全称</td><td>华南电子配件厂</td><td rowspan="3">收款人</td><td>全称</td><td colspan="10">新科电子有限公司</td></tr>
<tr><td>账号</td><td>4000023928109203322</td><td>账号</td><td colspan="10">6220028333302043981</td></tr>
<tr><td>汇出地点</td><td>广东省广州市</td><td>汇入地点</td><td colspan="10">云南省昆明市</td></tr>
<tr><td colspan="2">汇出行名称</td><td colspan="2">中国工商银行白云支行</td><td colspan="2">汇入行名称</td><td colspan="10">中国工商银行金桥支行</td></tr>
<tr><td rowspan="2">金额</td><td rowspan="2">人民币
（大写）</td><td rowspan="2">伍拾万元整</td><td></td><td>亿</td><td>千</td><td>百</td><td>十</td><td>万</td><td>千</td><td>百</td><td>十</td><td>元</td><td>角</td><td>分</td></tr>
<tr><td></td><td></td><td></td><td>¥</td><td>5</td><td>0</td><td>0</td><td>0</td><td>0</td><td>0</td><td>0</td><td>0</td></tr>
<tr><td colspan="3"></td><td colspan="12">支付密码</td></tr>
<tr><td colspan="3"></td><td colspan="12">附加信息及用途：购买材料前欠货款</td></tr>
<tr><td colspan="3">汇出行签章</td><td colspan="12">复核：　　　　记账：</td></tr>
</table>

此联是开户行给收款人的收账通知

记 账 凭 证

年　月　日　　　　　　　　字第　号

<table>
<tr><td rowspan="2">摘要</td><td rowspan="2">总账科目</td><td rowspan="2">明细科目</td><td rowspan="2">√</td><td colspan="11">借方金额</td><td rowspan="2">√</td><td colspan="11">贷方金额</td></tr>
<tr><td>亿</td><td>千</td><td>百</td><td>十</td><td>万</td><td>千</td><td>百</td><td>十</td><td>元</td><td>角</td><td>分</td><td>亿</td><td>千</td><td>百</td><td>十</td><td>万</td><td>千</td><td>百</td><td>十</td><td>元</td><td>角</td><td>分</td></tr>
<tr><td></td><td></td><td></td><td></td><td></td><td></td><td></td><td></td><td></td><td></td><td></td><td></td><td></td><td></td><td></td><td></td><td></td><td></td><td></td><td></td><td></td><td></td><td></td><td></td><td></td><td></td><td></td></tr>
<tr><td></td><td></td><td></td><td></td><td></td><td></td><td></td><td></td><td></td><td></td><td></td><td></td><td></td><td></td><td></td><td></td><td></td><td></td><td></td><td></td><td></td><td></td><td></td><td></td><td></td><td></td><td></td></tr>
<tr><td></td><td></td><td></td><td></td><td></td><td></td><td></td><td></td><td></td><td></td><td></td><td></td><td></td><td></td><td></td><td></td><td></td><td></td><td></td><td></td><td></td><td></td><td></td><td></td><td></td><td></td><td></td></tr>
<tr><td></td><td></td><td></td><td></td><td></td><td></td><td></td><td></td><td></td><td></td><td></td><td></td><td></td><td></td><td></td><td></td><td></td><td></td><td></td><td></td><td></td><td></td><td></td><td></td><td></td><td></td><td></td></tr>
<tr><td></td><td></td><td></td><td></td><td></td><td></td><td></td><td></td><td></td><td></td><td></td><td></td><td></td><td></td><td></td><td></td><td></td><td></td><td></td><td></td><td></td><td></td><td></td><td></td><td></td><td></td><td></td></tr>
<tr><td colspan="2">合计</td><td></td><td></td><td></td><td></td><td></td><td></td><td></td><td></td><td></td><td></td><td></td><td></td><td></td><td></td><td></td><td></td><td></td><td></td><td></td><td></td><td></td><td></td><td></td><td></td><td></td></tr>
</table>

附单据　　　张

会计主管：　　记账：　　　复核：　　　出纳：　　　制单：

5.

支票存根

中国工商银行
转账支票存根
　No. 38882101
科目：银行存款
对方科目：应付账款
出票日期：2014 年 12 月 4 日
收款人：奔泰压缩器制造有限公司
金额：¥49000
用途：偿还前欠货款
单位主管：王达　会计：刘晓阳

付 款 凭 证

贷方科目＿＿＿＿＿＿＿＿＿　　　　　年　月　日　　　　　　　凭证编号＿＿＿＿＿

对方单位（或领款人）	摘要	借方科目		金额										记账签章	
		总账科目	明细科目	千	百	十	万	千	百	十	元	角	分		
															附件张
合计金额															

财务主管：　　　稽核：　　　出纳：　　　制单：　　　领款人签章：

工作任务二　记账凭证的审核与传递

【实训目的】

通过实训，能够独立审核记账凭证，并了解记账凭证的传递程序。

【技能要求】

（1）能独立审核记账凭证，及时发现记账凭证中的错误。

（2）掌握记账凭证的传递与保管工作流程。

【知识链接】

一、记账凭证的审核方法及要求

1. 内容是否真实

审核记账凭证是否以原始凭证为依据，所附原始凭证的内容与记账凭证的内容是否一致，记账凭证汇总表的内容与其所依据的记账凭证的内容是否一致等，对单独保管的原始凭证是否在凭证中加以说明。

2. 项目是否齐全

审核记账凭证各项目的填写是否齐全，如日期、凭证编号、摘要、会计科目、金额、所附原始凭证张数及有关人员签章。

3. 科目是否正确

审核记账凭证的应借、应贷科目是否正确，是否有明确的账户对应关系，所使用的会计科目是否符合《企业会计准则》等规定。

4. 金额是否正确

审核记账凭证所记录的金额与原始凭证的有关金额是否一致，计算是否正确，记账凭证汇总表的金额与记账凭证的金额合计是否相符等。

5. 书写是否规范

审核记账凭证中的记录是否文字工整、数字清晰，是否按规定进行更正等。

6. 手续是否完备

审核出纳人员在办理收款或付款业务后，是否已在原始凭证上加盖"收讫"或"付讫"的戳记。

二、记账凭证的传递

1. 会计凭证传递的作用

会计凭证的传递是指会计凭证从编制时起到归档时止，在单位内部各有关部门及人员之间的传递程序和传递时间。正确组织会计凭证的传递，对于及时处理和登记经济业务，明确经济责任，实行会计监督，具有重要作用。

2. 会计凭证传递的注意事项

各种记账凭证所记载的经济业务内容不同，涉及的部门和人员不同，办理的经济业务手续也不尽一致。组织会计凭证传递，必须遵循内部牵制原则，力求做到及时反映、记录经济业务。会计凭证在传递过程中必须注意：

（1）会计凭证的传递和处理，必须在会计报告期内完成，应当及时传递，不得积压、跨期，否则势必影响会计核算的正确性和及时性。

（2）会计凭证在传递过程中，既要做到完备严密，又要简便易行。凭证的签收、交接应当制定必要的制度，以保证会计凭证的安全与完整。

（3）应根据每种经济业务的特点、内部组织机构和人员分工情况以及经营管理的需要，恰当规定会计凭证经由的必要环节，并据之恰当规定会计凭证的份数，做到让各有关部门和人员能及时了解经济业务的情况，及时办理凭证手续；还要避免凭证传递经过不必要的环节，有利于提高工作效率。

（4）要根据各个环节办理经济业务所必需的时间，合理规定凭证在各个环节停留的时间，以确保凭证及时传递。

【实训任务】

审核本实训项目工作任务一【实训资料】中完成的各类记账凭证，审核完成后将记账凭证进行传递。

工作任务三　　科目汇总表的编制

【实训目的】

通过实训，能够熟悉和掌握有关科目汇总表的编制要求和编制方法。

【技能要求】

（1）根据记账凭证编制，熟练编制科目汇总表。

（2）审核科目汇总表是否正确。

【知识链接】

科目汇总表的编制要求

1. 科目汇总表的作用

科目汇总表（亦称记账凭证汇总表、账户汇总表），是根据一定时期内所有的记账凭证定期加以汇总而重新编制的记账凭证，其目的是简化总分类账的登记手续。编制科目汇总表起到了试算平衡的作用，保证了登记总账的正确性以及核算工作的质量。此外，科目汇总表的编制方法也很简单。

2. 编制方法

首先，根据分录凭证编制"T"形账户，将本期各会计科目的发生额——计入有关"T"形账户；其次，计算各个账户的本期借方发生额与贷方发生额合计数；最后，将此发生额合计数填入科目汇总表中与有关科目相对应的本期发生额栏，并将所有会计科目的本期借方发生额与贷方发生额进行合计，借贷相等后，一般说明无误，可用以登记总账。

3. 科目汇总表格式（示例）

科目汇总表

<table>
<tr><td colspan="2">2014 年 10 月 30 日</td><td colspan="3"></td><td>第 1001 号</td></tr>
<tr><td rowspan="2">会计科目</td><td rowspan="2">账页</td><td colspan="2">本期发生额</td><td rowspan="2" colspan="2">记账凭证起讫号数</td></tr>
<tr><td>借方</td><td>贷方</td></tr>
<tr><td>银行存款</td><td></td><td>154 400.00</td><td>113 664.00</td><td colspan="2">001~030</td></tr>
<tr><td>应收账款</td><td></td><td></td><td>12 000.00</td><td colspan="2"></td></tr>
<tr><td>应付职工薪酬</td><td></td><td>2 000.00</td><td></td><td colspan="2"></td></tr>
<tr><td>库存现金</td><td></td><td>2 000.00</td><td>2 285.00</td><td colspan="2"></td></tr>
<tr><td>原材料</td><td></td><td>59 700.00</td><td></td><td colspan="2"></td></tr>
<tr><td>应付账款</td><td></td><td>101 664.00</td><td>69 700.00</td><td colspan="2"></td></tr>
<tr><td>应交税费</td><td></td><td>20 000.00</td><td>20 400.00</td><td colspan="2"></td></tr>
<tr><td>主营业务收入</td><td></td><td></td><td>120 000.00</td><td colspan="2"></td></tr>
<tr><td>其他应付款</td><td></td><td></td><td>2 000.00</td><td colspan="2"></td></tr>
<tr><td>销售费用</td><td></td><td>285.00</td><td></td><td colspan="2"></td></tr>
<tr><td></td><td></td><td></td><td></td><td colspan="2"></td></tr>
<tr><td>合计</td><td></td><td>340 049.00</td><td>340 049.00</td><td colspan="2"></td></tr>
</table>

【实训任务】

编制科目汇总表。

实训项目四　期初建账和账簿的登记

登记账簿是日常会计核算工作中的一项重要内容，当一笔经济业务发生并将有关原始凭证传递到会计人员手中时，会计人员首先要对其进行核对，在审核无误后，据以编制记账凭证并加以复核，再根据复核无误的会计凭证登记相关的日记账、明细账。会计凭证记录的是分散的数据，通过登记账簿，可以将这些分散在会计凭证上的数据和资料进行分类记录，并汇总成相关的会计信息，为编制会计报表提供依据。因此，会计账簿能够反映单位全貌的信息，在填制凭证的基础上，还需要通过登记账簿对会计信息进行汇总。这就是本项目需要完成的工作。

工作任务一　期初建账

【实训目的】
通过实训，了解期初建账的重要性，掌握建账的基本要领。

【技能要求】
（1）学会启用账簿。
（2）掌握不同明细科目的账户设置。
（3）掌握总分类账及各明细分类账的建账要求。

【知识链接】

一、启用账簿

新的会计账簿由会计主管启用。启用时应首先填写账簿扉页上的"账簿使用登记表"，主要内容包括单位名称、账簿名称、账簿号码、账簿页数、启用日期、负责人职务、姓名、盖章、接管日期及盖章、移交日期及盖章、监交和印花粘贴等。

财簿使用登记表

填写该本账簿名称	填写本单位的全称		填写账簿开始使用页码到截止日的页码数

单位名称	
账簿名称	
册次及起讫页数	自　页起至　　页止共　　页
启用日期	年　月　日
停用日期	年　月　日

填写公历

经管人员姓员	接管日期	交出日期	经管人员盖章	会计主管人员盖章
张清	1999 年 1 月 9 日	年　月　日		李鸣
	年　月　日	年　月　日		
	年　月　日	年　月　日		
	年　月　日	年　月　日		
	年　月　日	年　月　日		
备考			单位公章 加盖单位的公章	

负责登记该账簿的财会人员

本账簿财会人员接账时间

本账簿财会人员交账时间

单位财会部门负责人盖章

印花粘贴处应按照税法相关规定缴纳印花税，并在此处粘贴印花税票。粘贴印花的方法：企业的会计账簿中的资金账簿，即反映企业实收资本和资本公积金额增减变化的账簿，按以下方法贴花：在企业设立初次建账时，按实收资本和资本公积金额的 5‰贴花；次年度实收资本与资本公积未增加的，不再计算贴花；实收资本与资本公积增加的，就其增加部分按 5‰税率补贴印花；其他会计账簿，每本应粘贴 5 元面值的印花。

会计主管还应根据企业实际情况建立各种备查登记簿，主要包括借款备查簿、支票登记簿、应收票据备查簿、应付票据备查簿、银行收款结算凭证登记簿和银行付款结算凭证登记簿。

二、建账和设置账户的基本步骤

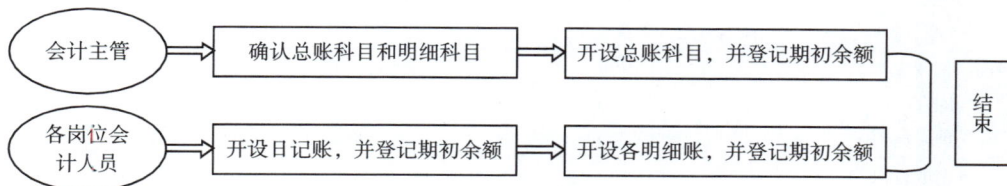

会计主管 → 确认总账科目和明细科目 → 开设总账科目，并登记期初余额 →

各岗位会计人员 → 开设日记账，并登记期初余额 → 开设各明细账，并登记期初余额 →

结束

三、润华公司的主要明细分类账户设置及账页格式

总账科目	明细分类账页格式	总账科目	明细分类账页格式
库存现金	日记账	其他应付款	三栏式
银行存款	日记账	实收资本	三栏式
其他货币资金	三栏式	资本公积	三栏式
应收票据	三栏式	盈余公积	三栏式
应收账款	三栏式	本年利润	不设明细账
其他应收款	三栏式	利润分配	三栏式
材料采购	三栏式	生产成本	专用多栏式
原材料	数量金额式	制造费用	普通多栏式
库存商品	数量金额式	主营业务收入	普通多栏式
长期待摊费用	三栏式	其他业务收入	普通多栏式
固定资产	卡片	营业外收入	普通多栏式
累计折旧	不设明细账	主营业务成本	普通多栏式
短期借款	三栏式	其他业务成本	普通多栏式
应付票据	三栏式	营业税金及附加	普通多栏式
应付账款	三栏式	销售费用	普通多栏式
其他应付款	三栏式	管理费用	普通多栏式
应付职工薪酬	三栏式	财务费用	普通多栏式
应交税费	应交增值税为专用多栏式，其他明细账户为三栏式	营业外支出	普通多栏式
应付利息	三栏式	所得税费用	不设明细账
应付股利	三栏式		

【实训任务】

根据以下资料在总分类账本中进行期初建账。

科目名称	借方余额	科目名称	贷方余额
库存现金	5 000	短期借款	300 000
银行存款	4 277 800	应付票据	50 000
其他货币资金	40 300	应付账款	49 000
应收票据	287 000	预收账款	82 000
应收账款	456 000	应付职工薪酬	425 000
坏账准备	−93 000	应交税费	159 000
预付账款	650 000	应付利息	10 000
其他应收款	24 000	实收资本	5 000 000
原材料	2 500 000	资本公积	1 500 000
生产成本	11 200	盈余公积	387 000
库存商品	4 500 000	利润分配	1 020 000
周转材料	19 250	本年利润	4 500 000
长期股权投资	384 450		

续表

科目名称	借方余额	科目名称	贷方余额
固定资产	350 000		
累计折旧	−48 000		
无形资产	180 000		
累计摊销	−62 000		
合计	13 482 000	合计	13 482 000

总 分 类 账

总第＿＿＿页　分第＿＿＿页

级账户编号及名称＿＿＿＿＿＿

年		凭单号数	对方账户名称及编号	摘要	页数	借方										贷方										或	余额										核对
月	日					千	百	十	万	千	百	十	元	角	分	千	百	十	万	千	百	十	元	角	分		千	百	十	万	千	百	十	元	角	分	

工作任务二　日记账和明细分类账的登记

【实训目的】

通过实训，掌握日记账与各类明细分类账的登记要求，保证登记过程的规范性和完整性。

【技能要求】

（1）掌握现金日记账与银行存款日记账的登记要点。

（2）掌握三栏明细账、数量金额式明细账及其他多栏明细账的登记要点。

【知识链接】

一、日记账的登记要点

日记账一般采用三栏订本式账簿，不得用银行对账单或其他方法代替日记账。日记账的登记需逐日逐笔进行，并随时结算出余额。

日记账的登记要点提示：

（1）日期栏：填入据以登记账簿的会计凭证上的日期。

（2）凭证字号栏：填入据以登账的会计凭证类型及编号，如根据收款凭证登记时，填入"收＊号"，根据付款凭证登记时，填入"付＊号"。

（3）摘要栏：简明扼要地说明经济业务的内容。

（4）对应科目栏：根据记账凭证中现金科目的对应科目填制。

（5）金额栏：借方金额栏根据现金或银行存款收款凭证、银行存款付款凭证中的合计金额填列；贷方金额栏根据现金或银行存款付款凭证中的合计金额填列；余额栏根据借方、贷方金额计算填列。

现金日记账格式如下：

现金日记账

年		凭证		票据号数	摘要	借方									贷方									余额									核对
月	日	种类	号数			百	十	万	千	百	十	元	角	分	百	十	万	千	百	十	元	角	分	百	十	万	千	百	十	元	角	分	
				过次页																														

银行存款日记账格式如下：

银行存款日记账

开户行
账　号

年		凭证		支票		摘要	借方										核对	贷方										核对	余额										
月	日	种类	号数	类别	号数		亿	千	百	十	万	千	百	十	元	角	分		亿	千	百	十	万	千	百	十	元	角	分		亿	千	百	十	万	千	百	十	元	角	分
					过次页																																				

二、各明细账的登记要点提示

（1）三栏明细账：只适用于金额核算的明细账户。根据记账凭证逐笔进行登记，登记时依次填入"日期"、"凭证字号"、"摘要"、"借方"金额、"贷方"金额和"余额"，随时结算余额。

（2）数量金额式明细账：适用于既要进行金额核算，又要进行数量核算的各项财产物资的明细账户，如原材料、库存商品的明细账户。数量金额式明细分类账由会计人员登记明细科目的增减数量、单价，并计算出总额，然后按照选定的核算方法计算出结余的数量、单价、金额。

（3）多栏式明细账：多栏式明细账由会计人员详细记录各项成本费用的发生金额以及收入成果的实现金额。

三栏明细账格式如下：

_____ 明细账

账号		总页数	
页数			

年		凭证		摘要	借方										贷方										借或贷	余额										核对
月	日	种类	号数		亿	千	百	十	万	千	百	十	元	角	分	亿	千	百	十	万	千	百	十	元	角	分		亿	千	百	十	万	千	百	十	元	角	分	

数量金额式明细账格式如下：

_____ 明细账

编号_____   规格_____   品名_____   单位_____   存放地点_____

年		凭证号	摘要	借方													贷方													结存												
月	日			数量	单价	金额											数量	单价	金额											数量	单价	金额										
						亿	千	百	十	万	千	百	十	元	角	分			亿	千	百	十	万	千	百	十	元	角	分			亿	千	百	十	万	千	百	十	元	角	分

多栏式明细账格式如下：

明细账

年		凭证	摘要	借方										贷方										借或贷	余额																																			
月	日	号数		亿	千	百	十	万	千	百	十	元	角	分	亿	千	百	十	万	千	百	十	元	角	分		亿	千	百	十	万	千	百	十	元	角	分	亿	千	百	十	万	千	百	十	元	角	分	亿	千	百	十	万	千	百	十	元	角	分	亿	千	百	十	万	千	百	十	元	角	分

工作任务三　总分类账的登记

【实训目的】

通过实训，能够熟练掌握总分类账的登记要求。

【技能要求】

（1）掌握科目汇总表账务处理程序的处理流程。

（2）掌握总分类账的登记要点。

【知识链接】

登记账簿采用平行登记的方法，既要在有关的总分类账户中进行总括登记，又要在所属的明细分类账户中进行详细登记。总分类账簿一般为三栏订本式账簿，登记的方法与三栏明细账类似，此处不再赘述。

企业应选定一种账务处理程序对总分类账进行登记。我国目前常用的账务处理程序有以下五种：记账凭证账务处理程序、汇总记账凭证账务处理程序、科目汇总表账务处理程序、日记总账账务处理程序、多栏式日记账账务处理程序。下面介绍科目汇总表账务处理程序的账务处理流程，其他账务处理程序略。

科目汇总表账务处理程序的处理流程：

（1）根据原始凭证编制汇总原始凭证。

（2）根据原始凭证或汇总原始凭证，编制记账凭证。

（3）根据收款凭证、付款凭证逐笔登记现金日记账和银行存款日记账。

（4）根据原始凭证、汇总原始凭证和记账凭证，登记各种明细分类账。

（5）根据记账凭证编制科目汇总表。

（6）根据科目汇总表登记总分类账。

（7）月末，现金日记账、银行存款日记账和明细分类账的记录与有关总分类账户记录核对相符。

（8）月末，根据总分类账和明细分类账的记录，编制财务会计报告。

总第 35 页
分第 ___ 页
编号 ___ 页

应交税金　总分类账

2002年		凭证		摘要	借方金额										贷方金额										借或贷	余额										✓
月	日	字	号		千	百	十	万	千	百	十	元	角	分	千	百	十	万	千	百	十	元	角	分		千	百	十	万	千	百	十	元	角	分	
6	1			期初余额																					贷			5	2	0	0	0	0	0	0	
	2		1	购入A材料进项税额			2	0	4	0	0	0	0	0											贷			3	1	6	0	0	0	0	0	
	2		2	A材料运费进项税额						3	5	0	0												贷			3	1	5	6	5	0	0	0	
	5		4	缴纳上月应交税金			5	2	0	0	0	0	0	0											借			2	0	4	3	5	0	0	0	
	6		5	购入A、B材料进项税额			2	2	2	7	0	0	0	0											借			4	2	7	0	5	0	0	0	

实训项目五　对账和结账

　　会计核算中，会计账簿是编制会计报告的重要依据，账簿记录是否正确将直接影响会计报告的质量，因此，为了保证账簿记录正确可靠，需要对账簿中的有关数据进行检查和核对的工作。定期地进行检查和核对，能够保证账证相符、账账相符、账实相符，这就是所谓的"对账"。

　　在对账无误之后，每个会计公司都需要进行结账处理，结账实际上就是计算和结转各账簿的本期发生额和期末余额。

工作任务一　　对账

【实训目的】

通过学习，了解对账的重要性，掌握对账的基本方法。

【技能要求】

（1）掌握账证核对的方法。

（2）掌握账账核对的方法。

（3）掌握账实核对的方法。

【知识链接】

一、账证相符

月终要对账簿记录和会计凭证进行核对，以发现错误之处，并进行更正，这也是保证账账、账实相符的基础。核对账证是否相符的主要方法如下：

（1）看总账与记账凭证汇总表是否相符。

（2）看记账凭证汇总表与记账凭证是否相符。

（3）看明细账与记账凭证及所涉及的原始凭证是否相符。

二、账账相符

账账相符是指各种账簿之间的核对相符，主要包括本单位各种账簿之间的有关指标应该核对是否相符，本单位同其他单位的往来账项应该核对是否相符。具体方法如下：

1. 看总账资产类科目各种账户与负债、所有者权益类科目各账户的余额合计数是否相符

（1）总账资产类账户余额＝Σ总账负债、所有者权益账户余额。

（2）总账各账户借方发生额（或贷方发生额）＝Σ总账各账户贷方发生额（或借方发生额）。

2. 看总账各账与所辖明细账户的各项目之和是否相符

（1）总分类账户与其所属的各个明细分类账户之间本期发生额的合计数应相等。

（2）总分类账户与其所属的各个明细分类账户之间的期初、期末余额应相等。

3. 看会计部门的总账、明细账与有关职能部门的账、卡之间是否相符

（1）会计部门的有关财产物资的明细分类账的余额应该同财产物资保管部门和使用部门经管的明细记录的余额定期核对相符。

（2）各种有关债权、债务明细账的余额应当经常或定期同有关的债务人、债权人核对相符。

（3）现金、银行存款日记账余额应该同总分类账有关账户的余额定期核对相符。

（4）已缴国库的利润、税金以及其他预算缴款应该同征收机关按照规定的时间核对相符。

三、账实核对

账实核对是指各种财产物资的账面余额与实际数额相核对。主要方法如下：

（1）现金日记账的账面余额与现金实际库存数额每日核对，并填写库存现金核对情况报告单。发生长、短款时，应即列作"待处理财产损溢"，待查明原因经批准后再进行处理。单位会计主管应经常检查此项工作。

（2）对库存现金进行清查核对时，出纳人员必须在场，不允许以借条、收据充抵现金。要查明库存现金是否超过限额、是否存在坐支等问题。

（3）银行存款日记账的账面余额与开户银行对账单核对。每收到一张银行对账单，经管人员应在3日内核对完毕，每月编制一次银行存款余额调节表，会计主管人员每月

至少检查一次，并写出书面检查意见。

（4）有价证券账户应与单位实存有价证券（如国库券、重点企业债券、股票或收款票据等）核对相符，每半年至少核对一次。

（5）商品、产品、原材料等明细账的账面余额，应定期与库存数相核对；对其他财产物资账户也要定期核对。年终要进行一次全面的清查。

（6）各种债权、债务类明细账的账面余额要与债权、债务人账面记录核对、清理。对于核对、清理结果，要及时以书面形式向会计主管人员汇报，并报单位领导人。对于存在的问题应积极采取措施予以解决。

（7）出租、租入、出借、借入财产等账簿，除合同期满应进行清结外，至少每半年核对一次，以保证账实相符。

通过上述对账工作，做到账证相符、账账相符和账实相符，使会计核算资料真实、正确、可靠。

工作任务二　结账

【实训目的】

通过实训，学会结账的基本方法。

【技能要求】

掌握月结、季结和年度结账的基本方法和要求。

【知识链接】

一、月结

月结时应在该月最后一笔经济业务下面划一条通栏单红线，在红线下"摘要"栏内注明"本月合计"、"本月发生额及余额"字样，在"借方"栏、"贷方"栏或"余额"栏分别填入本月合计数和月末余额，同时在"借或贷"栏内注明借贷方向。然后，在这一行下面再划一条通栏单红线，以便与下月发生额划清。

二、季结

季结时通常在每季度的最后一个月月结的下一行，在"摘要"栏内注明"本季合计"或"本季度发生额及余额"，同时结出借、贷方发生总额及季末余额。然后，在这一行下面划一条通栏单红线，表示季结的结束。

三、年度结账

年结时，在第四季度季结的下一行，在"摘要"栏注明"本年合计"或"本年发生额及余额"，同时结出借、贷方发生额及期末余额。然后，在这一行下面划上通栏双红线，以示封账。

总账和日记账应当更换新账，明细账一般也应更换。但有些明细账，如固定资产明细账等可以连续使用，不必每年更换。年终时，要把各账户的余额结转到下一会计年度，只在摘要栏注明"结转下年"字样，结转金额不再抄写。如果账页的"结转下年"行以下还有空行，应当自余额栏的右上角至日期栏的左下角用红笔划对角斜线注销。在下一会计年度新建有关会计账簿的第一行余额栏内填写上年结转的余额，并在摘要栏注明"上年结转"字样。

实训项目六　会计报表的编制

公司财务部通过填制和审核原始凭证、编制和审核记账凭证、登记账簿、对账结账等会计程序，将数量繁多且分散的数据资料进行了识别、判断，进行了选择、归类、整理和汇总。接下来，需要通过编制财务报表对会计凭证和账簿中的经济业务进行进一步加工和提炼，转化为简单易懂，能对内和对外汇报的信息。

工作任务一　资产负债表的编制

【实训目的】

通过实训，掌握资产负债表的编制方法。

【技能要求】

掌握资产负债表中各项目的编制方法。

【知识链接】

资产负债表一般分为表首、正表两部分。其中，表首概括地说明报表名称、编制单位、编制日期、报表编号、货币名称、计量单位等。正表是资产负债表的主体，列示了用以说明企业财务状况的各个项目。资产负债表正表的格式一般有两种：报告式资产负债表和账户式资产负债表。报告式资产负债表是上下结构，上半部列示资产，下半部列示负债和所有者权益。具体排列形式又分为两种：一是按"资产＝负债＋所有者权益"的原理排列；二是按"资产－负债＝所有者权益"的原理排列。账户式资产负债表是左右结构，左边列示资产，右边列示负债和所有者权益。不管采取什么格式，资产各项目的合计等于负债和所有者权益各项目的合计这一等式不变。

1. 企业的资产负债表采用账户式结构

账户式资产负债表分左右两方，左方为资产项目，大体按资产的流动性大小排列，流动性大的资产如"货币资金"、"交易性金融资产"等排在前面，流动性小的资产如"长期股权投资"、"固定资产"等排在后面。右方为负债及所有者权益项目，一般按要求清偿时间的先后顺序排列，"短期借款"、"应付票据"、"应付账款"等需要在一年以内或者长于一年的一个正常营业周期内偿还的流动负债排在前面，"长期借款"等在一年以上才需偿还的非流动负债排在中间，在企业清算之前不需要偿还的所有者权益项目排在后面。

2. 账户式资产负债表中的资产各项目的合计等于负债和所有者权益各项目的合计

通过账户式资产负债表，可以反映资产、负债、所有者权益之间的内在关系，即"资产 = 负债 + 所有者权益"。

资产负债表采用账户式。每个项目又分为"期末余额"和"年初余额"两栏分别填列。

会计报表的编制，主要是通过对日常会计核算记录的数据加以归集、整理，使之成为有用的财务信息。企业资产负债表各项目数据的来源，主要通过以下几种方式取得：

（1）根据总账科目余额直接填列。资产负债表大部分项目的填列都是根据有关总账账户的余额直接填列，如"应收票据"项目，根据"应收票据"总账科目的期末余额直接填列；"短期借款"项目，根据"短期借款"总账科目的期末余额直接填列。"交易性金融资产"、"工程物资"、"递延所得税资产"、"短期借款"、"交易性金融负债"、"应付票据"、"应付职工薪酬"、"应交税费"、"递延所得税负债"、"预计负债"、"实收资本"、"资本公积"、"盈余公积"等，都在此项之内。

（2）根据总账科目余额计算填列。如"货币资金"项目，根据"库存现金"、"银行存款"、"其他货币资金"科目的期末余额合计数计算填列。

（3）根据明细科目余额计算填列。如"应收账款"项目，应根据"应收账款"、"预收账款"两个科目所属的有关明细科目的期末借方余额扣除计提的减值准备后计算填列；"应付账款"项目，根据"应付账款"、"预付账款"科目所属相关明细科目的期末贷方余额计算填列。

（4）根据总账科目和明细科目余额分析计算填列。如"长期借款"项目，根据"长期借款"总账科目期末余额，扣除"长期借款"科目所属明细科目中反映的、将于一年内到期的长期借款部分，分析计算填列。

（5）根据科目余额减去其备抵项目后的净额填列。如"存货"项目，根据"存货"科目的期末余额，减去"存货跌价准备"备抵科目余额后的净额填列；又如，"无形资产"项目，根据"无形资产"科目的期末余额，减去"无形资产减值准备"与"累计摊销"备抵科目余额后的净额填列。

资产负债表的"年初数"栏内各项数字，根据上年末资产负债表"期末数"栏内各项数字填列，"期末数"栏内各项数字根据会计期末各总账账户及所属明细账户的余额填列。如果当年度资产负债表规定的各个项目的名称和内容同上年度不相一致，则按编报当年的口径对上年年末资产负债表各项目的名称和数字进行调整，填入本表"年初数"栏内。

【实训资料】

资产负债表

会企01表

编制单位：　　　　　　　　　年　月　日　　　　　　　　　　单位：元

资产	年末余额	年初余额	负债和所有者权益（或股东权益）	年末余额	年初余额
流动资产：			流动负债：		
货币资金			短期借款		
交易性金融资产			交易性金融负债		
应收票据			应付票据		
应收账款			应付账款		
预付款项			预收款项		
应收利息			应付职工薪酬		
应收股利			应交税费		
其他应收款			应付利息		
存货			应付股利		
一年内到期的非流动资产			其他应付款		
其他流动资产			一年内到期的非流动负债		
流动资产合计			其他流动负债		
非流动资产：			流动负债合计		
可供出售金融资产			非流动负债：		
持有至到期投资			长期借款		
长期应收款			应付债券		
长期股权投资			长期应付款		
投资性房地产			专项应付款		
固定资产			预计负债		
在建工程			递延所得税负债		
工程物资			其他非流动负债		
固定资产清理			非流动负债合计		
生产性生物资产			负债合计		
油气资产			所有者权益（或股东权益）：		

续表

资产	年末余额	年初余额	负债和所有者权益（或股东权益）	年末余额	年初余额
无形资产			实收资本（或股本）		
开发支出			资本公积		
商誉			减：库存股		
长期待摊费用			盈余公积		
递延所得税资产			未分配利润		
其他非流动资产			所有者权益（或股东权益）合计		
非流动资产合计					
资产总计			负债和所有者权益（或股东权益）总计		

工作任务二　利润表的编制

【实训目的】

通过实训，掌握利润表的编制方法。

【技能要求】

掌握利润表中各项目的编制方法。

【知识链接】

利润表是反映企业一定会计期间（如月度、季度、半年度或年度）生产经营成果的会计报表。企业一定会计期间的经营成果既可能表现为盈利，也可能表现为亏损，因此，利润表也被称为损益表。它全面揭示了企业在某一特定时期实现的各种收入、发生的各种费用、成本或支出，以及企业实现的利润或发生的亏损情况。

利润表一般有表首、正表两部分。其中表首说明报表名称编制单位、编制日期、报表编号、货币名称、计量单位等；正表是利润表的主体，反映形成经营成果的各个项目和计算过程。

利润表包括单步式和多步式两种格式。单步式利润表，是将企业本期发生的全部收入和全部支出相抵计算企业损益。多步式利润表，是按照企业利润的形成环节，按照营业利润、利润总额、净利润和每股收益的顺序来分步计算财务成果，从而详细地揭示企业利润的形成过程和主要要素。

我国《企业会计准则》规定，利润表采用多步式。

多步式利润表的编制步骤：

（1）根据原始凭证编制记账凭证，登记总账及明细账，并进行账账核对、账实核对及账证核对。

（2）在保证所有会计业务均入账的前提下，编制试算平衡表，检查会计账户的正确性，为编制会计报表做准备。

（3）依据试算平衡表损益类账户的发生额，结合有关明细账户的发生额，计算并填列利润表的各项目。

（4）计算营业利润。以营业收入为基础，减去营业成本、营业税金及附加、销售费用、管理费用、财务费用、资产减值损失，加上公允价值变动收益（减去公允价值损益）和投资收益（减去投资损失）计算出营业利润。

（5）计算利润总额。以营业利润为基础，加上营业外收入，减去营业外支出，计算出利润总额。

（6）计算净利润（或净亏损）。是以利润总额为基础，减去所得税费用，计算出净利润。

（7）检验利润表的完整性及正确性，包括表头部分的填制是否齐全、各项目的填列是否正确、各种利润的计算是否正确。

（8）有关人员签字盖章。

【实例资料】

利润表

会企 02 表

编制单位：　　　　　　　　　　　　____年____月　　　　　　　　　单位：元

项目	本期金额	上期金额
一、营业收入		
减：营业成本		
营业税金及附加		
销售费用		
管理费用		
财务费用		
资产减值损失		
加：公允价值变动收益（损失以"–"号填列）		
投资收益（损失以"–"号填列）		
其中：对联营企业和合营企业的投资收益		
二、营业利润（亏损以"–"号填列）		
加：营业外收入		
减：营业外支出		
其中：非流动资产处置损失		
三、利润总额（亏损总额以"–"号填列）		
减：所得税费用		
四、净利润（净亏损以"–"号填列）		
五、每股收益		
（一）基本每股收益		
（二）稀释每股收益		

实训项目七　会计资料的归档保管

工作任务　会计凭证的归档保管

【实训目的】

通过实训，掌握会计凭证的归档与保管程序。

【技能要求】

（1）掌握会计凭证的装订步骤及要求。

（2）学会整理和保管会计凭证。

【知识链接】

1. 会计凭证的保管

会计凭证是重要的经济资料和会计档案。每个单位在完成经济业务手续和记账以后，须按规定的立卷归档制度，形成会计档案资料，以便日后查阅。

会计部门在记账后，应定期（每日、每旬或每月）对各种会计凭证加以分类整理，将各种记账凭证按照编号顺序，连同所附的原始凭证折叠整齐，加具封面、封底，装订成册，并在装订线上加贴封签。在封面上，应写明单位名称、年度、月份、记账凭证的种类、起讫日期、起讫号码，以及记账凭证和原始凭证的张数，并在封签处加盖会计主管的骑缝图章。如果采用单式记账凭证，在整理装订凭证时，必须保持会计分录的完整。为此，应按凭证号码顺序还原装订成册，不得按科目归类装订。

2. 会计凭证的装订

会计凭证的装订是指定期将会计凭证按照编号顺序，外加封面、封底，装订成册，并在装订线上加贴封签。在封面上，应写明单位名称、年度、月份、记账凭证的种类、起讫日期、起讫号数以及记账凭证和原始凭证张数，并在封签处加盖会计主管的骑缝图章。如果采用单式记账凭证整理装订时，必须保持会计分录的完整，应按凭证号码顺序还原装订成册，不得按科目归类装订。对各种重要的原始单据以及各种需要随时查阅和退回的单据，应另编目录，单独登记保管，并在有关的记账凭证和原始凭证上相互注明日期和编号。

会计凭证装订的要求是既要美观大方又要便于翻阅，所以在装订时要先设计好装订册数及每册的厚度。一般来说，一本凭证的厚度以 1.5~2.0 厘米为宜，太厚了不便于翻阅核查；太薄时可用纸折一些三角形纸条，均匀地垫在此处，以保证它的厚度与凭证中间的厚度一致。

装订会计凭证时可采用角订法，这种方法简单易行，具体操作步骤如下：

（1）封面和封底裁开，分别附在凭证前面和后面，再拿一张质地相同的纸（可以再找一张凭证封皮，裁下一半用，另一半为订下一本凭证备用）放在封面上角，做护角线。

（2）凭证的左上角画一边长为 5 厘米的等腰三角形，用夹子夹住，用装订机在底线上分布均匀地打两个眼儿。

（3）大针引线绳穿过两个眼儿。如果没有针，可以将回形别针顺直，然后将两端折向同一个方向，将线绳从中穿过并夹紧，即可把线引过来，因为一般装订机打出的眼是可以穿过的。

（4）在凭证的背面打结。线绳最好把凭证两端也系上。

（5）将护角向左上侧折，并将一侧剪开至凭证的左上角，然后涂上胶水。

（6）向上折叠，并将侧面和背面的线绳扣粘死。

（7）待晾干后，在凭证本的背面写上"某年某月第几册共几册"的字样。装订人在装订线封签处签名或盖章。现金凭证、银行凭证或转账凭证最好依次顺序编号，一个月从头编一次序号，如果单位的凭证少，可以全年顺序编号。

【实例资料】

会计凭证装订封面

凭证种类				附	科目汇总表	张
所属时间		年度	月份		银行存款对账单	张
起讫日期	自	日至	日止		银行存款余额调节表	张
装订册次	第	册共	册	订	出纳报告单	张
起讫编号	字第	号至第	号止		备用金报账单	张

会计主管：　　　　　　　　　装订：

第二单元 会计基本技能综合实训

【实训要求】

（1）实训指导老师应根据学生的学习情况，制订切实可行的实训计划及方案。

（2）实训指导老师应准备好实训所必需的素材。

（3）实训指导老师应以项目为单位，组织学生完成每一个实训项目，包括建账、日常处理、登记账簿、期末处理、对账、结账、更改错账及编制财务报表等。

（4）学生应独立完成会计实训的每个实训项目，以便对财务会计的核算岗位、核算程序、核算方法及核算内容的来龙去脉有一个完整的认识。但指导老师应在学生进行会计实训的过程中，对学生可能碰到的重点和难点内容预先进行提示，在实训操作过程中应随时给予必要的指导，以确保实训的顺利进行。

（5）学生在会计实训结束后，应在老师的指导下，按照规定要求进行会计资料整理和装订，并交给指导老师。

（6）实训指导老师应根据学生实训过程的表现以及实训任务的完成质量情况给学生进行实训考核评分。

【实训用品】

（1）企业会计实训资料袋。

（2）专用记账凭证。

（3）会计账簿：总分类账簿和明细分类账簿。明细分类账簿包括三栏式明细账、数量金额式明细账、多栏式明细账、固定资产明细账、应交增值税明细账、生产成本明细账等。

（4）记账凭证封皮。

（5）科目汇总表。

（6）财务报表：资产负债表、利润表、现金流量表和所有者权益变动表。

（7）会计办公用品：计算器、双色印台、海绵缸、订书机、装订机、装订线若干。

（8）印章：模拟企业公章、财务专用章、发票专用章、企业预留开户行印鉴、模拟财务人员名章。

【实训步骤】

（1）熟悉模拟企业的基本情况、财务会计制度和会计岗位设置，并进行分组。

（2）根据实训资料，会计主管组织本小组各岗位会计人员开设本岗位所需账簿。

（3）总账会计与各岗位会计验算总分类账和各明细账、日记账的平行关系。

（4）各岗位会计对原始凭证进行审核，并对自己岗位职责范围内的业务进行记账凭证的编制和相关账簿的登记工作。

（5）总账会计编制科目汇总表，并据以登记总账。

（6）总账会计编制资产负债表和利润表。

（7）整理凭证、账簿、报表，并装订成册，归档。

【实训方法】

（1）模拟企业环境，设置会计岗位，按照实际会计业务操作流程，将学生分为若干组，每组以 4~8 人为宜，每个小组均设置相应的会计岗位：1 人为会计主管（可兼任）、1 人为出纳岗、1 人为资金核算岗（可兼任）、1 人为财务成果岗（可兼任）、1 人为总账报表岗。小组的每位成员分工协作，处理模拟会计业务。

（2）会计实训中，每个实训小组的所有成员将分别扮演相应的角色，包括财务负责人、出纳员、往来结算核算员、财产物资核算员、成本核算员、资金核算员、财务成果核算员和总账报表核算员。

【考核标准】

课程考核评分采用百分制。过程考核和结果考核评分各占 50%。

考核标准如下：

过程考核表

序号	实训项目	过程考核评分指标及标准						
		考勤情况（30%）	工作态度（10%）	团队协作（10%）	角色明确（10%）	规范（20%）	准确（20%）	合计
1	期初建账（5分）							
2	日常经济业务处理（10分）							
3	登记账簿（5分）							
4	期末会计账务处理（10分）							

续表

序号	实训项目	过程考核评分指标及标准						
		考勤情况（30%）	工作态度（10%）	团队协作（10%）	角色明确（10%）	规范（20%）	准确（20%）	合计
5	对账结账更改错账（5分）							
6	财务报表的编制（10分）							
7	会计资料的整理和归档（5分）							

结果考核表

小组	姓名	结果考核评分指标及标准						
		会计档案（30分）				小组汇报（10分）	实训报告（10分）	合计
		原始凭证（5分）	记账凭证（10分）	账簿报表（10分）	会计档案（5分）			

实训项目一　　模拟企业实训资料

一、模拟企业概况

润华有限责任公司是云南省昆明市本土的饮水机制造企业，公司规模不大，主要从事饮水机的生产和销售等业务，业务遍布全国，是目前全国最具发展潜力的饮水机生产厂商之一。

（一）润华公司概况

润华有限责任公司，增值税一般纳税人

公司地址：云南省昆明市西华北路 888 号

公司电话：0871-89994188

产品：101 型、102 型饮水机

开户行：中国工商银行昆明市支行，账号：40002666638394148

税务登记号：36990847382910

公司法人代表：王达

（二）润华公司架构

（1）行政管理部门：包括总经理办公室、秘书办公室、财务部、人事部、设计部等。办公室主要负责公司的行政管理工作以及全面组织和管理公司的供、产、销业务。设计部主要负责产品的设计工作。人事部主要负责人员的招聘以及出勤考核等工作。财务部主要负责公司的财务核算及监管工作。财务主管：李秋华；会计：吴桐、林威；出纳：刘晓阳。

（2）采购部：主要负责公司原料及备件的采购工作。

（3）销售部：主要负责公司产品的销售工作。

（4）仓储部：主要负责材料物资、半成品及产成品的收发和保管工作，并登记有关明细保管账簿。

（5）生产车间：由一车间、二车间和一个车间管理部门构成，一车间生产 101 型饮水机；二车间生产 102 型饮水机，车间管理部门负责两个车间的生产监管、人员配备等工作。

（三）会计核算的原则与方法

（1）固定资产采用平均年限法计算折旧额。

（2）企业只对"应收账款"账户计提坏账，并按照年末应收账款余额百分比法计提，计提比例是应收账款余额的5‰。其他应收款项不计提坏账准备。

（3）企业的存货主要有原材料、低值易耗品和库存商品。存货的收发核算按照实际成本计价核算，并且存货的收发核算在月末进行结转。

（4）"生产成本"账户设置三个成本项目：直接材料、直接人工、制造费用。其中制造费用按照生产工人基本工资比例进行分配。

（5）职工住房公积金和社会保险费按照基本工资的10%和28%计算。

（6）企业负担的税负主要有：

1）增值税。本公司为增值税一般纳税人，税率为17%（注：不考虑公司在采购和销售过程中所支付运费的抵扣）。

2）企业所得税。本公司企业所得税税率25%。采用按季预缴，在次年4月30日前清缴。

3）个人所得税。公司职工应负担的个人所得税由公司代扣代缴。

4）城市维护建设税和教育费附加。其中城市维护建设税税率7%，教育费附加按3%计算。

（7）利润及利润分配的核算。

公司董事会决议通过的2014年利润方案为：

1）年末按净利润10%提取法定盈余公积。

2）年末按净利润5%提取任意盈余公积。

3）按当年净利润的20%向股东支付股利。

二、润华公司期初资料

2014年12月1日有关总分类账及明细分类账户期初余额资料：

总分类账户期初余额

单位：元

科目名称	借方余额	科目名称	贷方余额
库存现金	5 000	短期借款	300 000
银行存款	4 277 800	应付票据	50 000
其他货币资金	40 300	应付账款	49 000
应收票据	287 000	预收账款	82 000

科目名称	借方余额	科目名称	贷方余额
应收账款	456 000	应付职工薪酬	425 000
坏账准备	−93 000	应交税金	159 000
预付账款	650 000	应付利息	10 000
其他应收款	24 000	实收资本	5 000 000
原材料	2 500 000	资本公积	1 500 000
生产成本	11 200	盈余公积	387 000
库存商品	4 500 000	利润分配	1 020 000
周转材料	19 250	本年利润	4 500 000
长期股权投资	384 450		
固定资产	350 000		
累计折旧	−48 000		
无形资产	180 000		
累计摊销	−62 000		
合计	13 482 000	合计	13 482 000

明细账户期初余额相关资料：

其他货币资金——外埠存款　　　　　40 300 元

应收账款——富通饮水有限公司　　　236 000 元

　　　　——华商饮水有限公司　　　220 000 元

预付账款——新华塑胶厂　　　　　　650 000 元

其他应收款——吴俊余　　　　　　　12 000 元

　　　　　——李煜　　　　　　　　12 000 元

原材料——塑料　　　1 100 000 元　　单价：11 000 元/吨　　100 吨

　　　——水管　　　500 000 元　　　单价：5 元/条　　　　100 000 条

　　　——水龙头　　600 000 元　　　单价：6 元/个　　　　100 000 个

　　　——变压器　　300 000 元　　　单价：30 元/个　　　10 000 个

生产成本——101 型饮水机——直接材料：　5 000 元

　　　　——直接人工：　3 000 元

　　　　——制造费用：　3 200 元

库存商品——101 型饮水机 2 200 000 元　　单价：100 元/台　22 000 台

　　　　——102 型饮水机　2 300 000 元　　单价：200 元/台　11 500 台

周转材料——工作服　9 250 元　　　　单价：50 元/套　　185 套

　　　　——包装物　10 000 元　　　　单价：10 元/个　　1 000 个

固定资产——生产设备　　　　　250 000 元

——管理设备	100 000 元
无形资产——商标权	100 000 元
——专利权	80 000 元
短期借款——工商银行昆明支行	300 000 元
应付账款——奔泰压缩机制造有限公司	49 000 元
预收账款——金明饮水有限公司	82 000 元
应付职工薪酬——工资	289 000 元
——福利费	40 460 元
——住房公积金	14 620 元
——社会保险	80 920 元
应交税金——未交增值税	69 000 元
——应交城建税	4 830 元
——教育费附加	2 070 元
——应交企业所得税	83 100 元
实收资本——王达	2 500 000 元
——夏月	2 500 000 元
盈余公积——法定盈余公积	235 000 元
——任意盈余公积	152 000 元
利润分配——未分配利润	1 020 000 元

1~11 月损益类账户累计发生额

科目名称	借方发生额	贷方发生额
主营业务收入		4 943 000
主营业务成本	2 938 000	
营业税金及附加	514 000	
销售费用	790 000	
管理费用	530 000	
财务费用	130 000	
其他业务收入		320 000
其他业务成本	190 000	
营业外收入		46 000
营业外支出	12 000	
所得税费用	168 000	

注：短期借款系 2014 年 8 月 1 日向中国工商银行借入，6 个月期，年利率 8%，到期还本付息。

实训项目二　建账

（1）润华公司各总分类账账户和明细分类账账户的期初资料见实训项目一，根据实训项目一中的期初资料以及未来可能发生的经济业务确定需要开设的会计科目，在总分类账簿、日记账和各明细分类账簿中开设相关账户。

（2）启用账簿。需要启用的账簿有：总分类账簿、银行存款日记账、现金日记账、三栏式明细账、多栏式明细账、数量金额式明细账、固定资产明细账、应交增值税明细账和生产成本明细账等。

（3）建账、设置账户。在已启用的账户中开设相关账户。

实训项目三　　填制与审核记账凭证
——日常处理

【项目任务】

润华公司 2014 年 12 月 1~31 日发生了 40 笔经济业务，已取得相应原始凭证。应根据 40 笔日常业务的原始凭证进行会计处理，并据以登记记账凭证。企业的日常经济业务主要包括融资业务、采购业务、销售业务、日常开支业务、收发存货业务、捐赠业务、往来账项业务、其他业务及科目汇总表的编制等。

以下为 2014 年 12 月发生的日常业务，原始凭证见附件：

（1）1 日，开出转账支票支付从福茂超市购买的办公用品费 2 400 元。

（2）1 日，销售给网通电子商贸有限公司 102 型饮水机 100 台，货款 40 000 元，增值税税率 17%，已开具增值税专用发票，货款已通过银行收取。

（3）2 日，向华南变压器厂购买变压器 2 000 个，单价 29 元/个，增值税税率 17%，货款暂未支付。

（4）2 日，生产车间一车间领用水管 2 000 条，用于生产 101 型饮水机。

（5）2 日，销售给富士康有限责任公司 101 型饮水机 400 台，含税售价 234 元/台，共计 93 600 元，开出普通销售发票，款项已通过转账支票支付。

（6）3 日，接受顺德青林饮业集团捐赠的机器设备一台，价值 200 000 元。

（7）3 日，公司秘书办公室行政人员吴晓丽出差，预借差旅费 5 000 元，以现金支付。

（8）3 日，生产车间二车间为生产 102 型饮水机领用变压器 400 个。

（9）4 日，向华南变压器厂购买的变压器已到货，全部验收入库，已通过银行支付运费 2000 元。

（10）4 日，偿还前欠奔泰压缩机制造有限公司的购货款 49 000 元，已开出转账支票付清。

（11）4 日，车间一般耗用水管 200 条。

（12）5 日，向紫鑫药业有限公司销售 101 型饮水机 300 台，单价：200 元/台，销售 102 型饮水机 200 台，单价：400 元/台，增值税税率 17%，已开出增值税专用发票，款项已通过银行收取。

（13）5 日，生产车间二车间领用塑料 3 吨，水管 5 000 条，水龙头 2000 个，用于生产 102 型饮水机。

（14）6 日，行政管理人员吴晓丽出差回来，报销差旅费共 2 200 元，归还现金 2 800 元。

（15）6 日，以银行存款缴纳上月城市维护建设税和教育费附加。

（16）6 日，以银行存款缴纳上月应交增值税。

（17）6 日，车间向欣泰文具商场购买零星办公用品 400 元，以现金支付。

（18）7 日，收广美实业有限公司借用包装物押金 3 000 元，银行转账付清。

（19）8 日，开出现金支票支付职工工资 289 000 元。

（20）8 日，开出转账支票向新视听广告有限公司支付广告费 100 000 元。

（21）8 日，收到投资人王达追加的投资 25 0000 元。

（22）9 日，开出现金支票支付鸿运来酒店餐饮费 5 000 元。

（23）9 日，提现 1000 元备用。

（24）10 日，生产车间一车间领用塑料 2 吨，水龙头 2 000 个，变压器 400 个，用于生产 101 型饮水机。

（25）10 日，支付电费共计 8 500 元，其中一车间生产用电 3 000 元，二车间生产用电 2000 元，车间管理部门照明用电 1 000 元，行政部门照明用电 1 000 元，销售部门营业用电 1 500 元。

（26）11 日，支付水费共计 5 000 元，其中车间用水 4 000 元，行政部门用水 500 元，销售部门用水 500 元。

（27）11 日，车间生产设备发生故障，支付给华峰器械修理厂维修费 800 元增值税税率 17%，现金支票支付。

（28）12 日，向 E 基金捐赠 20 000 元。

（29）12 日，发放职工困难补助费 3 000 元。

（30）13 日，采购部购买生产用的机器设备一台，价值 50 000 元，增值税税率 17%，已通过银行存款支付。

（31）14 日，收到富通饮水有限公司所欠货款 150 000 元，存入银行。

（32）15 日，心语饮水机有限公司预订 101 型饮水机 200 台，102 型饮水机 100 台，预收 40000 元货款，银行已入账。

（33）18 日，向新华塑胶厂预订的 100 吨塑料已到，货款共计 1 100 000 元，增值税税率 17%，已验收入库，余款已开出转账支票付清。

(34) 20 日,以银行存款支付下一年度报刊费 2 400 元。

(35) 21 日,生产车间一车间、二车间分别领用工作服 10 套、15 套。

(36) 25 日,人事部职员吴俊余青岛出差归来,报销差旅费 12 240 元,开出现金支票补付 240 元。

(37) 27 日,销售部职员李煜深圳出差归来,报销差旅费 11 200 元,归还现金 800 元。

(38) 28 日,向鸿达地产有限公司销售 101 型饮水机 500 台,含税单价 234 元/台,开出普通发票。收到鸿达地产有限公司银行承兑汇票一张,期限 3 个月,款项已付清。

(39) 29 日,向百通有限公司采购水龙头 50 000 个,单价:5.9 元/个,增值税税率 17%。百通有限公司代垫运费 5 000 元,开出信汇单支付。

(40) 30 日,向开户行购买支票,价款 50 元,以现金支付。

【操作指导】

各岗位财务人员在进行日常处理时操作步骤如下:

(1)各岗位工作人员填制原始凭证。如果原始凭证需要财务人员填制,应按照填制原始凭证的要求规范地填写。填写完成后,由经办人员签章。

(2)会计主管审核每笔经济业务的原始凭证。在审核原始凭证时,应按照要求进行,审核原始凭证的合法性、合规性、合理性、完整性和正确性。

(3)各岗位财务人员依据已审核的原始凭证填制记账凭证,并交会计主管审核签字。

(4)将已审核的记账凭证传递给记账人员据以登记相关明细账。

(5)以 10 天为一个循环周期编制科目汇总表,编制完成后传递给总账会计据以登记总分类账。

附件：

业务 1

云南省国家税务局通用机打发票

发票代码 1530011139201
发票号码 02979912

发票联

2014 年 12 月 01 日

付款方名称：润华有限责任公司　　　行业分类　　　　付款方识别号：36990847382910

货物或劳务名称	规格	单位	单价	数量	金额
装订机		盒	20	20	400.00
笔		包	50	10	500.00
打印纸		箱	100	15	1 500.00

合计人民币（大写）：贰仟肆佰元整　　　合计：￥2 400.00
备注：
发票代码：1530011139201 发票号码 02979912（如与右上角印刷码不一致，发票无效！）

收款方名称（签章）：福茂超市
收款方识别号：530181216819281　　　开票人：吴鑫桐

福茂超市
53018121681928
发票专用章

第一联：发票联购货单位付款凭证

支票存根

中国工商银行
转账支票存根
　　No. 38882198
科目：银行存款
对方科目：管理费用
出票日期：2014 年 12 月 1 日
收款人：福茂超市
金额：￥2 400.00
用途：购买办公用品
单位主管：王达　会计：刘晓阳

业务 2

云南省增值税专用发票 No.00787965

记 账 联

开票日期：2014 年 12 月 1 日

购货单位	名　　　称：网通电子商贸有限公司 纳税人识别号：98880839442321 地址、电话：昆明市新闻路 0871-88779898 开户银行及账号：中国工商银行昆明市支行 　　　　　　　6999890333322321766					密码区	
商品或劳务名称	计量单位	数量	单价	金额	税率	税额	
102 型饮水机	台	100	400	40 000.00	17%	6 800.00	
合计				¥40 000.00		¥6 800.00	
价税合计（大写）	人民币肆万陆千捌佰元整　　　　（小写）¥46 800.00						
销货单位	名　　　称：润华有限责任公司 纳税人识别号：36990847382910 地址、电话：云南省昆明市西华北路 880 号 　　　　　　　0871-89994188 开户银行及账号：中国工商银行昆明市支行 　　　　　　　40002666638394148					密码区	润华有限责任公司 36990847382910 发票专用章

收款人：林欣　　　　复核：王彤　　　　开票人：李渊

中国工商银行进账单（回单或收账通知）

2014 年 12 月 01 日　　　　　　　　　　　　　第 1 号

付款人	全称	网通电子商贸有限公司	收款人	全称	润华有限责任公司									
	账号	6999890333322321766		账号	40002666638394148									
	开户银行	中国工商银行昆明市支行		开户银行	中国工商银行昆明市支行									
人民币（大写）		肆万陆仟捌佰元整			千	百	十	万	千	百	十	元	角	分
							¥	4	6	8	0	0	0	0
用途		销货款	收款人开户银行盖章		中国工商银行昆明市支行 2014 年 12 月 01 日 业务办讫章									

业务 3

云南省增值税专用发票　　No.00654765

发票联

开票日期：2014 年 12 月 2 日

购货单位	名　　称：润华有限责任公司 纳税人识别号：36990847382910 地址、电话：云南省昆明市西华北路 888 号 0871-89994188 开户银行及账号：中国工商银行昆明市支行 4000266663839 4148					密码区	
货物或劳务名称	计量单位	数量	单价	金额	税率	税额	
变压器	个	2 000	29	58 000.00	17%	9 860.00	
合　计				¥58 000.00		¥9 860.00	
价税合计（大写）	人民币陆万柒千捌佰陆拾元整　　　　（小写）¥67 860.00						
销货单位	名　　称：华南变压器厂 纳税人识别号：3699767383728 地址、电话：深圳市南山区 0755-89765838 开户银行及账号：中国工商银行深圳支行 62298000988767765					密码区	华南变压器厂 3699767383728 发票专用章

收款人：袁新元　　　　复核：王丹阳　　　　开票人：李胜全

业务 4

领料单

领料单位：一车间　　　　2014 年 12 月 2 日　　　　编号：001

用途	生产 101 型饮水机		材料类别及编号	2033	
材料名称及规格	单位	请领数	实发数	单价	金额
水管	条	2 000	2 000		
备注					

领料单位负责人：黄海生　　记账：林威　　发料：吴秋梅　　领料：王川

业务 5

云南省国家税务局通用机打发票

记 账 联

发票代码 1530011139219
发票号码 02979901

2014 年 12 月 2 日

付款方名称：富士康有限责任公司　　　　行业分类　　　　付款方识别号：36993560012101

货物或劳务名称	规格	单位	单价	数量	金额
101 型饮水机		台	234	400	93 600.00

合计人民币（大写）：玖万叁仟陆佰元整　　　　合计：￥93 600.00
备注：
发票代码 1530011139219 发票号码 02979901（如与右上角印刷码不一致，发票无效！）

收款方名称（签章）：润华有限责任公司
收款方识别号：36990847382910　　　开票人：刘琳

润华有限责任公司
36990847382910
发票专用章

第二联：记账联　　销货方记账凭证

中国银行 支票

10404430
12061393

出票日期（大写）　贰零壹肆 年 壹拾贰 月 零贰 日　　付款行名称：中国银行昆明市支行

收款人：润华有限责任公司　　出票人账号：4000288927361980

人民币（大写）：玖万叁仟陆佰元整

亿	千	百	十	万	千	百	十	元	角	分
				9	3	6	0	0	0	0

用途：购买饮水机

密码

行号

财务专用章　　王林 印

复核　　记账

业务 6

商品验收单

来源：捐赠所得　　　　　2014 年 12 月 3 日　　　　　单位：元

名称	规格	数量	单位	单价	运杂费	合计金额	备注
设备		1	台	200 000.00	0	￥200 000.00	

验收部门：仓库 003

会计：林威　　　　　制单：华丰

业务 7

借款单

2014 年 12 月 3 日

借款部门：秘书办公室		
借款理由：出差预借款		
借款：（大写）人民币伍仟元整		
本单位负责人意见：	借款人：吴晓丽	
会计主管核批：李秋华	付款方式：现金	出纳：刘晓阳

业务 8

领料单

领料单位：二车间　　　　　　　2014 年 12 月 3 日　　　　　　　　编号：002

用途	生产		材料类别及编号		
材料名称及规格	单位	请领数	实发数	单价	金额
变压器	个	400	400		
备注					

领料单位负责人：李红　　　　记账：　　　　发料：张默　　　　领料：苏红

业务 9

支票存根

中国工商银行
转账支票存根
No. 38882199
科目：银行存款
对方科目：在途物资
出票日期：2014 年 12 月 4 日
收款人：华南变压器厂
金额：￥2 000
用途：运费
单位主管：王达　会计：刘晓阳

货物托运业专用发票　　　　No.1900921002

发　票　联

客户：润华有限责任公司　　　　　　　　　2014 年 12 月 4 日

货物名称	件数	重量	包装	费用项目	费用金额						
					万	千	百	十	元	角	分
变压器	2000	2000 千克		运费	2	0	0	0	0	0	0
				合计	¥	2	0	0	0	0	0	0

合计人民币（大写）贰仟元整

收款单位专用章：　　　　收款人：吴丽玲　　　　开票人：林峰

收料单

2014 年 12 月 4 日　　　　　　　　　　　编号：01

供应单位		华南变压器厂		材料类别及编号			
材料名称及规格	单位	数量		实际成本			
		发票	实收	发票价格	运杂费	合计	单价
变压器	个	2 000	2 000	58 000	2 000	60 000	30
备注							

核算：　　　主管：　　　保管：李子云　　　检验：吴丽华　　　交库：李欣

业务 10

支票存根

中国工商银行
转账支票存根
　No. 38882101
科目：银行存款
对方科目：应付账款
出票日期：2014 年 12 月 4 日
收款人：奔泰压缩器制造有限公司
金额：¥49 000
用途：偿还前欠货款
单位主管：王达　会计：刘晓阳

业务 11

领料单

领料单位：车间　　　　　　　　　　2014 年 12 月 4 日　　　　　　　　　　编号：003

用途	生产		材料类别及编号		
材料名称及规格	单位	请领数	实发数	单价	金额
水管	条	200	200		
备注					

领料单位负责人：李红　　　　记账：　　　　发料：张默　　　　领料：苏红

业务 12

云南省增值税专用发票　　No.00787966

记账联

开票日期：2014 年 12 月 5 日

购货单位	名　　　称：紫鑫药业有限公司 纳税人识别号：667545334333200 地址、电话：昆明市西局路 18977564331 开户银行及账号：中国工商银行昆明市支行 　　　　　　　2998766463300987				密码区	
商品或劳务名称	计量单位	数量	单价	金额	税率	税额
101 型饮水机	台	300	200	60 000	17%	10 200
102 型饮水机	台	200	400	80 000		13 600
合　计				￥140 000		￥23 800
价税合计（大写）	人民币壹拾陆万叁仟捌佰元整　　　　　（小写）￥163800					
销货单位	名　　　称：润华有限责任公司 纳税人识别号：36990847382910 地址、电话：云南省昆明市西华北路 888 号 　　　　　　　0871-89994188 开户银行及账号：中国工商银行昆明市支行 　　　　　　　40002666638394148				密码区	

中国工商银行**进账单**（回单或收账通知）

2014 年 12 月 5 日　　　　　　　　　　　　　　第 2 号

付款人	全称	紫鑫药业有限公司	收款人	全称	润华有限责任公司
	账号	2998766463300987		账号	40002666638394148
	开户银行	中国工商银行昆明市支行		开户银行	中国工商银行昆明市支行

人民币（大写）	壹拾陆万叁仟捌佰元整	千	百	十	万	千	百	十	元	角	分
			￥	1	6	3	8	0	0	0	0

用途	销货款	中国工商银行昆明市支行 2014 年 12 月 01 日 业务办讫章 收款人开户银行盖章

业务 13

领料单

领料单位：二车间　　　　　　　　　　2014 年 12 月 5 日　　　　　　　　　　编号：004

用途	生产		材料类别及编号			
材料名称及规格	单位	请领数	实发数		单价	金额
水管	条	5 000	5 000			
水龙头	条	2 000	2 000			
塑料	吨	3	3			
备注						

领料单位负责人：李红　　　记账：　　　发料：张默　　　领料：苏红

业务 14

差旅费报销单

部门：行政管理　　姓名：吴晓丽　2014 年 12 月 6 日　　借支金额：5000 元　　出差事由：略

项目	附单据张数	金额		伙食补助费明细							
		报销数	核销数	起讫日期	起讫地点	交通工具	人数	天数	补助费		夜车补助
									标准	金额	
餐饮费				12.03~12.06	深圳		1	4	120 元/天	480	
住宿费	1	900		12.03~12.05	深圳		1	3			
火车票	1	400		12.03	昆明—深圳	火车	1				
火车票	1	420		12.06	深圳—昆明	火车	1				
合计		￥2200.00									

审校：　　　　　部门主管：黄腾　　　　　经领人：吴晓丽

火车票

T123

昆明————————→深圳

2014 年 12 月 03 日 18:09 开　08 车 19 号上辅

¥400.00

限乘当日当次车

吴晓丽 442202*******0022

火车票

T122

深圳————————→昆明

2014 年 12 月 06 日 18:00 开　06 车 20 号下辅

¥420.00

限乘当日当次车

吴晓丽 442202*******0022

广东省深圳市地方税务局通用机打发票　　发票代码：23600405403

发票号码：12028458

开票日期：2014 年 12 月 6 日　　行业分类：通用发票　　机打发票手写无效

付款单位（个人）：润华有限责任公司

项目名称	数量	单价	金额
住宿费	3	300	900

金额合计（小写）：¥900.00 元
金额合计（大写）：人民币玖佰元整
备注：
收款单位：深圳市华富酒店有限公司

税号：481007060785891　　机器编号：007531524825　　机打号码：12028668
税控码：0998 0361 6100 0032 2801　　开票人：吴

业务 15

电子缴税付款凭证

转账日期：2014 年 12 月 6 日　　　　　　　　　　凭证字号：098787

纳税人全称及纳税人识别号：润华有限责任公司 36990847382910	
付款人全称：润华有限责任公司	
付款人账号：40002666638394148	征收机关名称：昆明市地税局
付款人开户银行：中国工商银行昆明市支行	收款国库（银行）名称：工行
小写（合计）金额：¥6 900.00	缴款书交易流水号：20141206026
大写（合）金额：人民币陆仟玖佰元整	税票号码 P：2014120602600876

税（费）名称：	所属时间	实缴金额
城市维护建设税	20141101~20141130	4 830.00
教育费附加	20141101~20141130	2 070.00
第 1 次打印		打印时间：2014.12.06 11:29

记账：　　　　　　　　复核：

业务 16

电子缴税付款凭证

转账日期：2014 年 12 月 6 日　　　　　　　　　　凭证字号：078999

纳税人全称及纳税人识别号：润华有限责任公司 36990847382910	
付款人全称：润华有限责任公司	
付款人账号：40002666638394148	征收机关名称：昆明市国税局
付款人开户银行：中国工商银行昆明市支行	收款国库（银行）名称：工行
小写（合计）金额：¥69 000.00	缴款书交易流水号：20141206026
大写（合）金额：人民币陆万玖仟元整	税票号码 P：2014120602602987

税（费）名称：	所属时间	实缴金额
增值税	20141101~20141130	69 000.00
第 1 次打印		打印时间：2014.12.06 14:20

记账：　　　　　　　　复核：

业务 17

云南省国家税务局通用机打发票　　发票代码 1530011139219

发 票 联　　发票号码 02980002

2014 年 12 月 6 日

付款方名称：润华有限责任公司　　　行业分类　　　　付款方识别号：36990847382910

货物或劳务名称	规格	单位	单价	数量	金额
办公用品		包	20	20	400.00

合计人民币（大写）：肆佰元整　　合计：400.00

备注：

发票代码 1530011139219 发票号码 02980002 （如与右上角印刷码不一致，发票无效！）

收款方名称（签章）：欣泰文具商场

收款方识别号：36990846662100　　开票人：万任宝

（盖章：欣泰文具商场 36990846662100 发票专用章）

第一联：发票联　购货单位付款凭证

费用报销单

报销部门：车间　　　　　2014 年 12 月 6 日填　　　　单据及附件共　1　页

用途	金额	备注	
购买办公用品	400.00	备注	
		领导审批	
合计	¥400.0		

金额大写：零拾零万零仟肆佰零拾零元零角零分　　　原借款：　　　元　　应退余款：　　　元

会计主管：李秋华　　复核：　　　会计：吴桐　　　出纳：刘晓阳　　　报销人：李思纯

领款人：李思纯

业务 18

包装物出库单（存根）

2014 年 12 月 8 日　　　　　　　　　　　　　　　单位：元

品名	单位	数量	单价	金额	备注
借用包装物	个	10	300	3000	押金
合计					

主管：李秋华　　　　会计：吴桐　　　　记账：　　　　制单：万华清

中国工商银行**进账单**（回单或收账通知）

2014 年 12 月 8 日　　　　　　　　　　　第 3 号

付款人	全称	广美实业有限公司	收款人	全称	润华有限责任公司

	账号	40009786284326754		账号	40002666638394148
	开户银行	中国工商银行昆明市支行		开户银行	中国工商银行昆明市支行

人民币（大写）	叁仟元整	千	百	十	万	千	百	十	元	角	分
						¥	3	0	0	0	0	0

用途	包装物押金	中国工商银行昆明市支行 2014 年 12 月 08 日 业务办讫章
		收款人开户银行盖章

业务 19

支票存根

```
中国工商银行
现金支票存根
    No. 3835611
科目：银行存款
对方科目：应付职工薪酬
出票日期：2014 年 12 月 8 日
收款人：润华职工
金额：¥289 000.00
用途：支付职工工资
单位主管：王达　会计：刘晓阳
```

业务 20

支票存根

```
中国工商银行
转账支票存根
    No. 38882103
科目：银行存款
对方科目：销售费用
出票日期：2014 年 12 月 8 日
收款人：新视听广告有限公司
金额：¥100 000
用途：支付广告费
单位主管：王达　会计：刘晓阳
```

云南省广告业统一发票　　发票代码 18900111928000

客户名称：润华有限责任公司　　2014 年 12 月 8 日　　发票号码 08190018

项目	摘要	单位	数量	单价	金额
广告拍摄		组	1	100 000.00	100 000.00
合计（大写）人民币拾万元整			¥100 000.00		

收款：韩宇　　　　　经办：肖林凯　　　　　收款单位（盖章）

业务 21

中国工商银行进账单（回单或收账通知）

2014 年 12 月 8 日　　　　　　　　　　　　　　第 3 号

<table>
<tr><td rowspan="3">付款人</td><td>全称</td><td>王达</td><td rowspan="3">收款人</td><td>全称</td><td colspan="9">润华有限责任公司</td></tr>
<tr><td>账号</td><td>40009878666564443</td><td>账号</td><td colspan="9">40002666638394148</td></tr>
<tr><td>开户银行</td><td>中国工商银行昆明市支行</td><td>开户银行</td><td colspan="9">中国工商银行昆明市支行</td></tr>
<tr><td rowspan="2">人民币（大写）</td><td colspan="2" rowspan="2">贰拾伍万元整</td><td>千</td><td>百</td><td>十</td><td>万</td><td>千</td><td>百</td><td>十</td><td>元</td><td>角</td><td>分</td></tr>
<tr><td></td><td>¥</td><td>2</td><td>5</td><td>0</td><td>0</td><td>0</td><td>0</td><td>0</td><td>0</td></tr>
<tr><td>用途</td><td colspan="2">追加投资款</td><td colspan="10">中国工商银行昆明市支行
2014 年 12 月 08 日
业务办讫章</td></tr>
<tr><td></td><td colspan="2"></td><td colspan="10">收款人开户银行盖章</td></tr>
</table>

投资协议书（摘录）

投资人：王达

投入单位：润华有限责任公司

……

第三，王达以现金方式向润华有限责任公司投资，其投资额为 250 000 元。

第四，经双方协商约定，王达投资后，将全部的投资额都记入实收资本。

第五，王达必须在 12 月 10 日前向润化有限责任公司出资。

……

业务 22

云南省国家税务局通用机打发票　　　　发票代码 1530011139000

发 票 联　　　　　　　　　　　　发票号码 02850551

开票日期 2014 年 12 月 9 日　　　　　行业分类　饮食业

付款方名称：润华有限责任公司
付款方识别号：36990847382910
收款方名称（签章）：鸿运来酒店
收款方识别号：36008827662360

开票项目	金额	备注
餐费	5 000.00	1530011139000

合计人民币（大写）：伍仟元整　　　合计：5 000.00
发票代码 1530011139000 发票号码 02850551（如与右上角印刷码不一致，发票无效！）

开票人：张广智

发票联　报销凭证

支票存根

中国工商银行
现金支票存根
　No. 3835614
科目：银行存款
对方科目：管理费用
出票日期：2014 年 12 月 9 日
收款人：鸿运来酒店
金额：￥5 000.00
用途：支付餐饮费
单位主管：王达　会计：刘晓阳

业务 23

支票存根

中国工商银行
现金支票存根
　No. 3835615
科目：银行存款
对方科目：库存现金
出票日期：2014 年 12 月 9 日
收款人：润华有限责任公司
金额：￥1 000.00
用途：提现
单位主管：王达　会计：刘晓阳

业务 24

领料单

领料单位：一车间　　　　　　　　　2014 年 12 月 10 日　　　　　　　　　编号：005

用途	生产		材料类别及编号		
材料名称及规格	单位	请领数	实发数	单价	金额
变压器	个	400	400		
水龙头	条	2000	2000		
塑料	吨	2	2		
备注					

领料单位负责人：李红　　　　　记账：　　　　　发料：张默　　　　　领料：苏红

业务 25

汇付款通知单

收款单位	云南省昆明市供电局	
汇入银行及账号	中国银行 60000229898398473	
汇付金额	人民币捌仟伍佰元整	¥8 500.00
汇款方式	转账	要求汇出时间 中国银行昆明支行 2014.12.10
汇款原因：支付电费		2014 年 12 月 10 日
汇款通知人		部门负责人 业务办讫章 林琳
通知日期　　2014.12.10	财务签收	

电 费 分 配 表

2014 年 12 月 10 日

部门	用途	耗电量（千瓦时）	单价	分配额
一车间	生产用电	3 000	1.00	3 000.00
二车间	生产用电	2 000	1.00	2 000.00
车间管理部门	照明	1 000	1.00	1 000.00
销售部门	营业用电	1 500	1.00	1 500.00
行政部门	照明	1 000	1.00	1 000.00
合计		8 500		8 500.00

会计主管：李秋华　　　　　复核：　　　　　制表：顾宇峰

业务 26

汇付款通知单

收款单位	云南省昆明市自来水公司	
汇入银行及账号	中国银行 6000022989872873	
汇付金额	人民币伍仟元整	￥5 000.00
汇款方式	转账	要求汇出时间 2014.12.10
汇款原因：支付水费		中国工商银行昆明市支行 2014 年 12 月 10 日
汇款通知人		部门负责人 业务办讫章 林琳
通知日期 2014.12.10	财务签收	

水 费 分 配 表
2014 年 12 月 10 日

部门	用途	耗水量（吨）	单价	分配额
车间管理部门	一般用水	4 000	1.00	4 000.00
销售部门	一般用水	500	1.00	500.00
行政部门	一般用水	500	1.00	500.00
合计		5 000	1.00	5 000.00

会计主管：李秋华　　　　　复核：　　　　　制表：顾宇峰

业务 27

支票存根

中国工商银行
现金支票存根
　No. 3835616
科目：银行存款
对方科目：制造费用
出票日期：2014 年 12 月 11 日
收款人：华丰器械修理厂
金额：￥936.00
用途：修理费
单位主管：王达　会计：刘晓阳

云南省增值税专用发票　　No.00787989

发 票 联

开票日期：2014 年 12 月 11 日

购货单位	名　　　称：润华有限责任公司 纳税人识别号：36990847382910 地 址 、 电 话：云南省昆明市西华北路 888 号 　　　　　　　0871-89994188 开户银行及账号：中国工商银行昆明市支行 　　　　　　　40002666638394148			密码区	
货物或劳务名称	计量单位	数量	单价	金额	税率	税额
维修工料费				800.00	17%	136.00
合　计				¥800.00		¥136.00

价税合计（大写）	人民币玖佰叁拾陆元整　　　　（小写）¥936.00

销货单位	名　　　称：华丰器械修理厂 纳税人识别号：36990847366700 地 址 、 电 话：0871-89955578 开户银行及账号：中国工商银行昆明市支行 　　　　　　　40002666638390001	密码区

销货单位盖章：华丰器械修理厂 36990847366700 发票专用章

第二联：发票联　购货单位付款凭证

业务 28

支票存根

中国工商银行
现金支票存根
　No. 3835617
科目：银行存款
对方科目：营业外支出
出票日期：2014 年 12 月 12 日
收款人：E 基金
金额：¥ 20 000.00
用途：捐赠
单位主管：王达　会计：刘晓阳

业务 29

支票存根

中国工商银行
现金支票存根
　No. 3835618
科目：银行存款
对方科目：管理费用
出票日期：2014 年 12 月 12 日
收款人：职工
金额：¥ 3 000.00
用途：发放职工困难补助
单位主管：王达　会计：刘晓阳

2014 年职工困难补助发放表

2014 年 12 月 12 日

姓名	补助金	签名	姓名	补助金	签名
王明辉	1 000.00	略			
刘浩天	5 00.00	略			
黄本香	500.00	略			
宋泽浩	1 000.00	略			
合 计	3 000.00				

业务 30

云南省增值税专用发票　No.00788722

发票联

开票日期 2014 年 12 月 13 日

第二联：发票联　购货单位付款凭证

购货单位	名　　称：润华有限责任公司 纳税人识别号：36990847382910 地址、电话：云南省昆明市西华北路 888 号 0871-89994188 开户银行及账号：中国工商银行昆明市支行 40002666638394148					密码区	
货物或劳务名称	计量单位	数量	单价	金额	税率		税额
设备	台	1	50 000	50 000.00	17%		8 500.00
合　计				¥50 000.00			¥8 500.00
价税合计（大写）	人民币伍万捌仟伍佰元整　　　（小写）¥58 500.00						
销货单位	名　　称：沈通机械设备厂 纳税人识别号：7890677386310 地址、电话：昆明市南京路 0871-37870909 开户银行及账号：中国工商银行昆明市支行 40002624547687110					密码区	沈通机械设备厂 7890677386310 发票专用章

汇付款通知单

收款单位	沈通机械设备厂	
汇入银行及账号	中国工商银行昆明市支行 40002624547687110	
汇付金额	人民币伍万捌仟伍佰元整	¥58 500.00
汇款方式	电汇	要求汇出时间
汇款原因：		中国工商银行昆明市支行 2014 年 12 月 13 日 业务办讫章
汇款通知人		部门负责人
通知日期　2014 年 12 月 13 日		财务签收 刘晓阳

业务 31

中国工商银行**进账单** (回单或收账通知)

2014 年 12 月 8 日　　　　　　　　　　　　　　　　　第 3 号

付款人	全称	富通饮水有限公司	收款人	全称	润华有限责任公司
	账号	40066188883565672		账号	40002666638394148
	开户银行	中国工商银行昆明市支行		开户银行	中国工商银行昆明市支行

人民币（大写）	贰拾伍万元整	千	百	十	万	千	百	十	元	角	分
			¥	1	5	0	0	0	0	0	0

用途	前欠货款	中国工商银行昆明市支行 2014 年 12 月 08 日 业务办讫章 收款人开户银行盖章

业务 32

中国工商银行**进账单** (回单或收账通知)

2014 年 12 月 8 日　　　　　　　　　　　　　　　　　第 3 号

付款人	全称	心语饮水有限公司	收款人	全称	润华有限责任公司
	账号	4006627786575619		账号	40002666638394148
	开户银行	中国工商银行昆明市支行		开户银行	中国工商银行昆明市支行

人民币（大写）	肆万元整	千	百	十	万	千	百	十	元	角	分
				¥	4	0	0	0	0	0	0

用途	预订商品款	中国工商银行昆明市支行 2014 年 12 月 08 日 业务办讫章 收款人开户银行盖章

业务 33

云南省增值税专用发票　　No.00877633

发　票　联

开票日期 2014 年 12 月 18 日

| 购货单位 | 名　　　　称：润华有限责任公司
纳税人识别号：36990847382910
地　址、电话：云南省昆明市西华北路 888 号
　　　　　　　0871-89994188
开户银行及账号：中国工商银行昆明市支行
　　　　　　　40002666638394148 | | | | 密码区 | |

商品或劳务名称	计量单位	数量	单价	金额	税率	税额
塑料	吨	100	11 000	1 100 000.00	17%	187 000
合　计				¥1 100 000.00		¥187 000.00

价税合计（大写）	人民币壹佰贰拾捌万柒仟元整　　　　（小写）¥1 287 000.00

| 销货单位 | 名　　　　称：新华塑胶厂
纳税人识别号：7890677456310
地　址、电话：0871-37860939
开户银行及账号：中国工商银行昆明市支行
　　　　　　　40002633647687001 | 密码区
7890677456310
发票专用章 |

支票存根

中国工商银行
转账支票存根
　No. 3835619
科目：银行存款
对方科目：材料采购
　　　　　应交税费
出票日期：2014 年 12 月 18 日
收款人：新华塑胶厂
金额：￥637 000.00
用途：购买原材料

收料单

发票号：888829　　　　　2014 年 12 月 18 日　　　　　编号：020401

供应单位					材料类别及编号		
材料名称及规格	单位	数量		实际成本			
		发票	实收	发票价格	运杂费	合计	单价
塑料	吨	100	100	1 100 000	0	1 100 000	11 000
备注							

核算：刘浩　　　主管：刘浩　　　保管：宋晨　　　检验：吴婉秋　　　交库：李华

业务 34

中国工商银行电汇凭证（回单）

委托日期　　2014 年 12 月 20 日　　　　　　　　　第 04 号

付款人	全称	润华有限责任公司			收款人	全称	财经报社		
	账号	40002666638394148				账号	400027878383960252		
	汇出地点	昆明市	汇出行名称	中国工商银行		汇入地点	昆明市	汇入行名称	中国工商银行

金额	人民币（大写）贰仟肆佰元整	千	百	十	万	千	百	十	元	角	分
					¥	2	4	0	0	0	0

汇款用途：支付下年报刊费

上列款项已委托银行办理，持此回单查询

单位主管：　　会计：李秋化　　出纳：李晓阳　　记账：

中国工商银行昆明市支行
2014 年 12 月 20 日
（汇出行盖章）
业务办讫章
2014 年 12 月 20 日

昆明市报刊发行专用发票

户名：润华有限责任公司

地址：云南省昆明市西华北路 888 号　　　　2014 年 12 月 20 日

报纸代号	报刊名称	订阅份数	起止订期	每月份数	共计金额							
					百	十	万	千	百	十	元	角	分
002	财富周刊	12	2015.1~12	全年				2	4	0	0	0	0
金额合计（大写）	人民币贰仟肆佰元整						¥	2	4	0	0	0	0

财富周刊杂志社 发票专用章

业务 35

领料单

领料单位：一车间　　　　2014 年 12 月 21 日　　　　编号：020801

用途	生产		材料类别及编号		
材料名称及规格	单位	请领数	实发数	单价	金额
工作服	套	10	10		
备注					

领料单位负责人：周金辉　　记账：林威　　发料：王虎　　领料：万子芳

领料单

领料单位：二车间　　　　　　　2014 年 12 月 21 日　　　　　　　编号：020802

用途	生产		材料类别及编号		
材料名称及规格	单位	请领数	实发数	单价	金额
工作服	套	15	15		
备注					

领料单位负责人：周金辉　　　　记账：林威　　　　发料：王虎　　　　领料：刘倩

业务 36

差 旅 费 报 销 单

部门：人事部　　姓名：吴俊余　2014 年 12 月 25 日　　借支金额：12000 元　出差事由：略

项目	附单据张数	金额		伙食补助费明细							夜车补助
		报销数	核销数	起讫日期	起讫地点	交通工具	人数	天数	补助费		
									标准	金额	
餐饮费				11.24~12.24	青岛		1	31	120 元/天	3720	
住宿费	1	7800		11.24~12.24	青岛		1	30			
火车票	1	360		11.24	昆明—青岛	火车	1				
火车票	1	360		12.24	青岛—昆明	火车	1				
合计		¥12240.0									

审校：　　　　　　　部门主管：萧风云　　　　　　经领人：吴俊余

火车票

T178

昆明————————➤青岛

2014 年 11 月 24 日 14:30 开　07 车 2 号中辅

¥360.00

限乘当日当次车

吴俊余 664402********0072

火车票

T179

青岛 ————————➤ 昆明

2014 年 12 月 24 日 20:06 开　06 车 5 号中辅

¥360.00

限乘当日当次车

吴俊余 664402********0072

支票存根

中国工商银行
现金支票存根
　No. 3835642
科目：银行存款
对方科目：管理费用
出票日期：2014 年 12 月 25 日
收款人：吴俊余
金额：￥240.00
用途：补付差旅费
单位主管：王达　会计：刘晓阳

山东省青岛市地方税务局通用机打发票　发票代码 23600405403

发票联　发票号码 12028668

开票日期：2014 年 12 月 24 日　　行业分类：　　　　　机打发票手写无效

付款单位（个人）：润华有限责任公司

项目名称	数量	单价	金额
住宿费	30	260	7 800

金额合计（小写）：￥7 800.00 元
金额合计（大写）：人民币柒仟捌佰元整
备注：
收款单位：青岛市光彩酒店有限公司

税号：360107060792986　　机器编号：007531524825　　机打号码：12028668
税控码：0228 0459 4340 0076 2104　　开票人：胡

业务 37

差旅费报销单

部门：销售部　　　姓名：李煜　　　2014 年 12 月 27 日　　　借支金额：12 000 元　　　出差事由：略

项目	附单据张数	金额		伙食补助费明细							夜车补助
		报销数	核销数	起讫日期	起讫地点	交通工具	人数	天数	补助费		
									标准	金额	
餐饮费				11.30~12.27	深圳		1	28	120 元/天	3 360	
住宿费	1	7 020		11.30~12.26	深圳		1	27			
火车票	1	400		11.30	昆明—深圳	火车	1				
火车票	1	420		12.26	深圳—昆明	火车	1				
合计		¥11 200.0									

审校：　　　　　　部门主管：林辰　　　　　　经领人：李煜

火车票

T123

昆明 ——————➤ 深圳

2014 年 11 月 30 日 18：09 开　08 车 10 号上辅

¥400.00

限乘当日当次车

李煜 8966602*******4456

火车票

T122

深圳 ——————➤ 昆明

2014 年 12 月 26 日 18：00 开　06 车 18 号下辅

¥420.00

限乘当日当次车

李煜 8966602*******4456

广东省深圳市地方税务局通用机打发票   发票代码 23600405403
发票号码 12028692

开票日期：2014 年 12 月 26 日   行业分类：   机打发票手写无效

付款单位（个人）：润华有限责任公司

项目名称	数量	单价	金额
住宿费	27	260	7020

金额合计（小写）：￥7 020.00 元
金额合计（大写）：人民币柒仟零贰拾元整
备注：
收款单位：深圳市华富酒店有限公司

税号：481007060785891   机器编号：007531524825   机打号码：12028668
税控码：0998 0361 6100 0032 2801   开票人：吴

业务 38

云南省增值税普通发票   142010623501
记 账 联   No 02036513

购方单位：鸿达地产有限公司   2014 年 12 月 28 日

品名及规格	货物或劳务名称	单位	数量	单价	十	万	千	百	十	元	角	分
							金额					
101	饮水机	台	500	234	1	1	7	0	0	0	0	0

金额（大写）人民币壹拾壹万柒仟零佰零拾零元零角零分   ￥117 00.00

备注：

开票单位盖章：   复核人：   收款人：李莉   开票人：华国伟

销货方记账凭证

银行承兑汇票

出票日期 2014 年 12 月 28 日

（大写）贰零壹肆年壹拾贰月贰拾捌日

出票人全称	鸿达地产有限公司	收款人	全称	润华有限责任公司
出票人账号	60002667625399090		账号	40002666638394148
付款行全称			开户银行	中国工商银行昆明市支行

出票金额	人民币（大写） 壹拾壹万柒仟元整	亿	千	百	十	万	千	百	十	元	角	分
				¥	1	1	7	0	0	0	0	0

汇票到期日	2015 年 3 月 28 日	付款行	行号	中国工商银行昆明市支行
承兑协议编号	************************		地址	**************

本汇票请你行承兑 到期无条件付款	本汇票已经承兑 到期由本行付款	承兑协议编号：
		中国工商银行昆明市支行 2014 年 12 月 28 日 业务办讫章
出票人签章 年 月 日	承兑行签章 承兑日期 2015 年 3 月 28 日	

业务 39

云南省增值税专用发票 No.00877633

发票联

开票日期：2014 年 12 月 29 日

购货单位	名 称：润华有限责任公司 纳税人识别号：36990847382910 地 址、电 话：昆明市西华北路 888 号 0871-89994188 开户银行及账号：中国工商银行昆明市支行 　　　　　　　　40002666638394148				密码区	
货物或劳务名称	计量单位	数量	单价	金额	税率	税额
水龙头	个	50000	5.9	295 000.00	17%	50 150
合计				¥295 000.00		¥50 150.00
价税合计（大写）	人民币叁拾肆万伍仟壹佰伍拾元整　　　（小写）¥345 150.00					
销货单位	名 称：百通有限公司 纳税人识别号：7890677441310 地 址、电 话：昆明市南京路 0871-37860939 开户银行及账号：中国工商银行昆明市支行 　　　　　　　　4000893364662000				密码区	百通有限公司 7890677441310 发票专用章

货物托运业专用发票　　　　　No. 998901110

客户：润华有限责任公司　　　发票联　　　　2014 年 12 月 29 日

货物名称	件数	重量	包装	费用项目	万	千	百	十	元	角	分
水龙头	50 000			运输	5	0	0	0	0	0	0
金额合计（大写）	人民币伍仟元整			¥ 5 000.00							

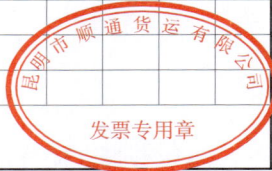

收款单位专用章：　　　收款人：刘青　　　开票人：李莎莎

中国工商银行信汇凭证（收账或取款收据）4　　第 ** 号
委托日期 2014 年 12 月 29 日　　　应解汇款编号：*****

付款人	全称	润华有限责任公司	收款人	全称	百通有限公司
	账号或住址	40002666638394148		账号或住址	4000893364662000
	汇出地点	昆明市		汇入地点	昆明市

金额	人民币叁拾伍万零壹佰伍元整	千	百	十	万	千	百	十	元	角	分
			¥	3	5	0	1	5	0	0	0

汇款用途：支付采购材料和运费款　　　留行待取预留收款人印鉴

上列款项已代进账，如有错误，请持此联来行洽谈。　　上列款项已照收无误

科目（借）　对方科目（贷）　汇入行解汇日期

中国工商银行昆明市支行 2014 年 12 月 29 日 业务办讫章

汇入行盖章　年 月 日　　收款人盖章　年 月 日　　复核 出纳 记账

业务 40

中国工商银行业务收费凭证（回单）
2014 年 12 月 30 日

付款人	全称	润华有限责任公司										
	开户银行	中国工商银行昆明市支行	账号	40002666638394148								

项目名称	单位	手续费 百	十	元	角	分	工本费 百	十	元	角	分	小计 百	十	元	角	分	备注：购买支票
支票	本		3	5	0	0		1	5	0	0		5	0	0	0	

合计　　¥50.00　　中国工商银行昆明市支行 2014 年 12 月 30 日 业务办讫章　会计分录 贷 借

合计金额（人民币大写）　伍拾元整　　复核员 记账员

实训项目四　登记账簿

　　润华有限责任公司的岗位会计人员在填制完记账凭证后，将会计凭证传递给记账人员进行账簿的登记。

　　在会计实务中，账簿组织、记账程序和记账方法与会计凭证、会计账簿和会计报表有机结合的关系如下所示：

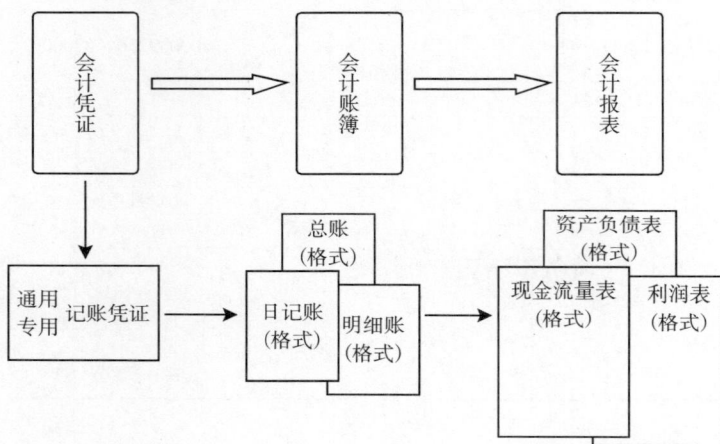

工作任务一　日记账与明细账的登记

【项目任务】

　　（1）出纳员依据编制的收、付款凭证登记银行存款日记账和现金日记账。

　　（2）岗位会计人员依据编制的记账凭证登记各明细账簿。

　　若在登记账簿时遇到尚未建账的明细科目应先在相关的账簿中建账，再依据记账凭证进行登记。

工作任务二　　总账的登记

【项目任务】

　　总账会计依据定期编制的科目汇总表，采用科目汇总表账务处理程序登记总分类账簿。

实训项目五　填制与审核记账凭证
——期末处理

　　润华有限责任公司 2014 年 12 月的会计工作已经接近尾声。会计期末应在日常发生的各项经济业务登记入账的基础上，对期末会计资料进行加工处理，即期末处理。首先，期末处理应根据权责发生制原则，对应计入本期的收入和费用进行调整；其次，根据企业会计制度规定和成本计算的要求计算并结转成本，结转损益，确认本期财务成果，并进行利润分配；最后，在对账无误后，进行结账并根据相关账簿记录编制会计报表，同时将本期形成的会计档案整理归档。

　　期末处理的内容如下：

　　（1）账项调整。

　　（2）成本计算及结转。

　　（3）结转损益，确认本期财务成果。

　　（4）利润分配。

　　（5）年末账目结转。

经济业务：

　　（1）月末，公司耗用电量 8700 千瓦时，共计 8700 元。

　　（2）月末，编制固定资产折旧计算表，计提公司固定资产折旧费用（企业固定资产折旧年限均为 10 年，按平均年限法计提折旧）。

　　（3）月末，编制无形资产摊销计算表，计提无形资产摊销费用。

　　（4）月末，编制职工工资结算汇总表、职工工资分配表、职工福利费分配表、职工社会保险费分配表和住房公积金分配表，计提应付职工薪酬。

　　（5）月末，编制借款应付利息计算表，计提借款利息。

　　（6）月末，根据本月应缴增值税，计算应缴的城建税和教育费附加。

　　（7）月末，结转材料采购成本与发出材料成本。

　　（8）月末，编制制造费用分配表，结转制造费用，按照车间工人基本工资比例进行分配。

(9) 月末，编制 101 型和 102 型饮水机产品成本计算单，结转完工产品成本。101 型饮水机上月投产 2000 台，本月全部生产完工，102 型饮水机本月投产 3000 台，完工 1500 台。

(10) 月末，结转已销售产品成本。

(11) 月末，编制坏账准备计算表，计提应收账款坏账准备。

(12) 月末，结转本月未交增值税至"应交税费——未交增值税"。

(13) 月末，结转本月收入类账户余额至"本年利润"账户。

(14) 月末，结转本月费用类账户余额至"本年利润"账户。

(15) 月末，编制所得税费用计算表，计算并结转本期应交所得税。

(16) 年末，编制利润分配计算表，按全年净利润 10% 提取全年法定盈余公积、5% 提取全年任意盈余公积和 20% 分配股利。

【项目任务】

(1) 会计主管审核每笔经济业务的原始凭证，财务成果岗位会计填写需财务部门填制的原始凭证，交会计主管审核签字。

(2) 编制和审核水电费、固定资产折旧、无形资产摊销计算表，计提固定资产折旧和无形资产摊销的费用。

(3) 编制和审核各项借款利息计算表，计提各项短期和长期借款利息。

(4) 编制和审核工资、福利费及其他薪酬结算汇总表，计提本月应付职工薪酬。

(5) 编制和审核应交增值税、应交城市维护建设税和应交教育费附加计算表，计提相关税费。

(6) 结转材料采购成本、发出材料成本。

(7) 编制和审核制造费用、生产成本分配表，结转制造费用和完工产品生产成本。

(8) 结转已销售出库产品成本。

(9) 结转损益类账户当前的发生额和余额。

(10) 编制和审核企业所得税计算表。

(11) 结转本年净利润或净损失。

(12) 编制和审核利润分配表，结转利润分配明细账。

注：有关原始凭证见附件。

【操作指导】

1. 账项调整

需要调整的项目有：

（1）采用折旧、摊销等方法分摊应负担的已记账支出。

（2）分摊已实现的已记账的收入。

（3）计提应负担但尚未记账的费用，主要有借款利息、应付职工薪酬、相关税费等。

（4）计提已取得但尚未记账的收入。

2. 成本计算及结转

主要包括：

（1）计算并结转材料采购成本。

（2）计算并结转发出材料成本。

（3）计算并结转本期制造费用和完工产品成本。

（4）计算并结转本期销售产品成本。

3. 结转损益，确认本期财务成果

主要包括：

（1）将本期各项收入结转到"本年利润"账户。

（2）将本期各项费用结转到"本年利润"账户。

（3）计算并结转企业所得税。

4. 利润分配

计提法定盈余公积、任意盈余公积和应分配的股利。

5. 年末账目结转

主要包括：

（1）结转"本年利润"账户。

（2）结转"利润分配"各明细账户余额。

附件:

业务 1

固定资产折旧计算表

2014 年 12 月 31 日

名称	固定资产类型	原值	月折旧率（%）	月折旧额	合计
生产设备	生产车间设备				
管理设备	行政管理部门设备				
合计					
备注					

复核: 制表:

业务 2

无形资产摊销计算表

2014 年 12 月 31 日

名称	金额	摊销年限（年）	年摊销额	月摊销额	摊余价值
商标权	100 000	10			
专利权	80 000	10			
合计					
备注					

复核: 制表:

业务 3

工资结算汇总表

2014 年 12 月 31 日

部门		应付工资					代扣代缴款项				实发工资
		工资明细			扣款明细		住房公积金（10%）	社会保险费（28%）	个人所得税	小计	
		基本工资	奖金	小计	病假	事假					
车间	一车间	68 000	5 600		0	0			6 800		
	二车间	7 6000	6 200		0	0			7 600		
	车间管理部门	3 2000	3 800		0	0			3 200		
行政管理部门	总经理办公室	20 000	6 400		0	0			2 000		
	秘书办公室	15 000	2 000		0	0			1 500		
	财务部	36 000	4 000		240	0			3 600		
	人事部	18 000	3 500		0	120			1 800		
	设计部	24 000	4 200		0	0			2 400		
	销售部	60 000	8 600		0	0			6 000		

复核: 制表:

职工工资分配表

2014 年 12 月 31 日

车间部门		成本项目	分配金额
基本生产车间	一车间生产工人		
	二车间生产工人		
	管理人员		
行政管理人员			
销售部门			
合计			

会计主管：　　　　　会计：　　　　　制单：

职工福利费分配表

2014 年 12 月 31 日

车间部门		成本项目	应付工资	应付福利费（14%）
基本生产车间	一车间生产工人			
	二车间生产工人			
	管理人员			
行政管理人员				
销售部门				
合计				

会计主管：　　　　　会计：　　　　　制单：

社会保险费分配表

2014 年 12 月 31 日

部门		成本项目	基本工资	计提比例					计提金额				
				养老（13%）	医疗（8%）	失业（3%）	工伤（2%）	生育（2%）	养老	医疗	失业	工伤	生育
基本生产车间	一车间生产工人												
	二车间生产工人												
管理人员													
行政管理人员													
销售部门													
合计													

会计主管：　　　　　会计：　　　　　制单：

住房公积金分配表

2014 年 12 月 31 日

车间部门		成本项目	工资总额	计提比例（%）	计提金额
基本生产车间	一车间生产工人				
	二车间生产工人				
	管理人员				
行政管理人员					
销售部门					
合计					

会计主管： 会计： 制单：

业务 4

借款应付利息计算表

2014 年 12 月 31 日

借款银行	借款种类	借款期限	借款本金	年利率	月份利息
中国工商银行	短期借款	6 个月	300 000.00	8%	
合计					

业务 5

城建税和教育费附加计算表

2014 年 12 月 31 日

项目	计税基数	税率（%）	金额	说明
城建税		7		计税金额（基数）为本月应缴纳的增值税、营业税的税额
教育费附加		3		
合计				

会计主管： 审核： 制单：

业务 6

制造费用分配表

2014 年 12 月 31 日　　　　　　　　　单位：元

受益产品		生产工人工资	分配率	分配额
一车间	101 型饮水机			
二车间	102 型饮水机			
合计				

会计主管： 制表：

业务 7

产品成本计算单

产品名称：101 型饮水机　　　　2014 年 12 月 31 日　　　　产品产量：2000 台
　　　　　　　　　　　　　　　　　　　　　　　　　　　　单位：元

项目	直接材料	直接人工	制造费用	其他成本	合计
月初在产品成本					
本月发生费用					
费用合计					
分配率					
完工产品成本					
在产品成本					

会计主管：　　　　　　复核：　　　　　　制单：

产品成本计算单

产品名称：102 型饮水机　　　　2014 年 12 月 31 日　　　　产品产量：3000 台
　　　　　　　　　　　　　　　　　　　　　　　　　　　　单位：元

项目	直接材料	直接人工	制造费用	其他成本	合计
月初在产品成本					
本月发生费用					
费用合计					
分配率					
完工产品成本					
在产品成本					

会计主管：　　　　　　复核：　　　　　　制单：

业务 8

坏账准备计算表
年　月　日

应收款项	余额（元）	计提比例（%）	计提坏账准备
合计			

会计主管：　　　　　　制单：

业务 9

所得税费用计算表

年　月　日

项目	金额（元）
税前会计利润	
加：调增项目	
减：调减项目	
应纳税所得额	
所得税税率	
本期应缴所得税	
本期所得税费用	

会计主管：　　　　　　　　制单：

业务 10

利润分配计算表

年　月　日

利润分配项目	计提依据	分配比例（%）	金额（元）
提取法定盈余公积金		10	
提取任意盈余公积金		5	
分配投资者利润		20	
合计			

会计主管：　　　　　　　　制表：

实训项目六　对账与结账

【项目任务】

1. 对账

（1）账证核对。请核对各种账簿和原始凭证、记账凭证。

（2）账账核对。请编制试算平衡表进行总账核对、总账与所属明细账核对、总账与日记账核对、财产物资明细账与相应的财产物资保管部门的明细账期末结存数核对。

（3）账实核对。请进行库存现金的清查、银行对账、实物资产清查以及往来款项对账、债权明细账与债务人核对、债务明细账与债务人核对。

2. 结账

请对总分类账、明细分类账、日记账进行月结、年结，将年末余额结转下年。

实训项目七　编制资产负债表、利润表

【项目任务】

（1）编制资产负债表。

（2）编制利润表。

实训项目八　会计资料的归档保管
（含会计凭证的装订）

【项目任务】

（1）会计凭证的整理、装订。

（2）会计档案的归档保管。

参考文献

［1］张茜. 企业会计实训 ［M］. 北京：北京理工大学出版社，2013.

［2］谢爱萍. 企业会计模拟实训 ［M］. 北京：人民邮电出版社，2013.

［3］张艳萍. 会计学原理与实务 ［M］. 厦门：厦门大学出版社，2010.

［4］姜晖，韩玉涛. 企业财务会计模拟实训 ［M］. 北京：航空工业出版社，2014.